일본어가 쑥쑥 자라는

스쿠스쿠

すくすく

히가시노 사토미 · 우에다 토모코 저

日本語
회화 ②

PAGODA Books

스쿠스쿠
すくすく 日本語 회화 ②

초 판 1쇄 발행   2009년 5월   8일
개 정 판 1쇄 인쇄   2023년 3월 31일
개 정 판 1쇄 발행   2023년 3월 31일
개 정 판 3쇄 발행   2024년 8월 30일

지 은 이 | 히가시노 사토미(東野さとみ), 우에다 토모코(植田智子)
펴 낸 이 | 박경실
펴 낸 곳 | **PAGODA Books** 파고다북스
출판등록 | 2005년 5월 27일 제 300-2005-90호
주   소 | 06614 서울특별시 서초구 강남대로 419, 19층(서초동, 파고다타워)
전   화 | (02) 6940-4070
팩   스 | (02) 536-0660
홈페이지 | www.pagodabook.com

저작권자 | ⓒ 2023 파고다북스

ISBN 978-89-6281-233-6 (13730)

파고다북스   www.pagodabook.com
파고다 어학원   www.pagoda21.com
파고다 인강   www.pagodastar.com
테스트 클리닉   www.testclinic.com

▌낙장 및 파본은 구매처에서 교환해 드립니다.

일본어가 쑥쑥 자라는

스쿠스쿠
すくすく

히가시노 사토미 · 우에다 토모코 저

日本語
회화 ②

PAGODA Books

머리말

会話学習の初期段階で大切なことは文法を正確に身につけることです。会話なのに「どうして正確さが大事？伝わればいいじゃん」と思われるかもしれませんが、基礎文法が正確でないとインチキな日本語に聞こえてしまいます。これから先努力を重ね、どんなに流暢に日本語が話せたとしても基礎文法を間違えるとあなたは信用を失ってしまいます。特に日本語で仕事をする方にとってこれは大問題ですよね。ですから、このことを念頭に置いて勉強を進めてほしいです。

本教材は文法の練習を中心に構成されています。教材に沿ってしっかりと正確な文法を使って話す練習をしてください。そして、各課の後半部分にはフリートークのページがあります。これまで習ってきた他の文法も交えて長く話す練習をしてみましょう。18課が終わるころには正確な日本語文法が身についているはずです。

最後になりますが、本書の出版にあたりご協力くださったパクギョンシル会長、ゴルダ代表、出版社の方々、監修してくださった他校舎の先生方、そして私の授業を受講してくださった学生方に心から感謝の気持ちを申し上げます。

東野さとみ

회화 학습의 초기 단계에서 중요한 것은 문법을 정확하게 익히는 것입니다. 회화인데 '왜 정확성이 중요하지? 전해지면 되지 않나?'라고 생각할지도 모르겠습니다만, 기초 문법이 정확하지 않으면 엉터리 일본어로 들려버리고 맙니다. 앞으로 노력을 거듭해, 아무리 유창하게 일본어를 할 수 있다고 해도 기초 문법을 틀리면 여러분은 신용을 잃게 됩니다. 특히, 일본어로 일을 하는 분에게 있어서 이건 큰 문제이죠. 그러니까, 이것을 염두에 두고 공부를 진행했으면 좋겠습니다.

본 교재는 문법 연습을 중심으로 구성되어 있습니다. 교재를 따라 제대로 정확한 문법을 사용해서 말하는 연습을 하세요. 그리고 각 과의 후반 부분에서는 프리토킹 페이지가 있습니다. 지금까지 연습해온 다른 문법도 섞어가며 길게 말하는 연습을 해 봅시다. 18과가 끝날 때쯤에는 정확한 일본어 문법이 몸에 배어있을 것입니다.

마지막으로, 이 책의 출판에 있어 도움을 주신 박경실 회장님, 고루다 대표님, 출판사 관계자분들, 감수해주신 다른 분원의 선생님들, 그리고 제 수업을 수강해주신 학생 여러분께 진심으로 감사의 마음을 전합니다.

히가시노 사토미

すくすく会話１コースが終わり、いよいよ２コースのスタートですね。今まで日本語の基礎文法を習ってきたと思いますが、習ってきた基本的な文法をもう一度整理、確認をしながら、もう一歩磨いて自然な日本語が話せるようになっていただきたいと思い、この本を書き上げました。

本書は文法チェック・口頭練習問題をした後、練習した文法を使って自由に話せるようにフリートーキングやアクティビティができる構成になっています。また、「読みましょう」では日本の行事や文化、習慣、礼儀も書かれています。この本を通して日本の文化や社会についても知ることで興味が深まり、日本語の勉強が楽しくなっていただけたら幸いです。

会話クラスを勉強する学生の中には「文法を勉強して理解はしているけれど、会話となるとなかなか話せない」という学生も多いと思います。しかし、授業ではミスを恐れず勇気を持ってどんどん話していただきたいです。ぜひ日本語で話すことを楽しんでください。

筆末ではございますが、このような機会をくださったパクギョンシル会長、ゴルダ代表、出版にあたりご尽力くださったPAGODABooks出版社の皆様、編集においてご協力くださったPAGODA語学院日本語学科の先生方、そして受講をしてくださっている学生方に心から感謝申し上げます。

植田智子

스쿠스쿠 회화 1코스가 끝나고, 드디어 2코스의 시작입니다. 지금까지 일본어 기초 문법을 배워왔다고 생각하는데요, 배워온 기초적인 문법을 한 번 더 정리하고 확인하면서 한 걸음 더 갈고 닦아 자연스러운 일본어를 말할 수 있게 되었으면 싶은 마음으로, 이 책을 썼습니다.

이 책은 문법 체크, 말하기 연습문제를 한 후에 연습한 문법을 사용하여 자유롭게 말해볼 수 있도록 프리토킹이나 액티비티를 할 수 있는 구성으로 이루어져 있습니다. 또한, 본문에서는 일본의 행사나 문화, 관습, 에티켓도 쓰여 있습니다. 이 책을 통해 일본의 문화나 사회에 대해 앎으로써 흥미가 깊어지고 일본어 공부가 즐거워진다면 좋겠습니다.

회화반을 공부하는 학생 중에는 '문법을 공부해서 이해는 하고 있지만, 회화가 되면 좀처럼 말하지 못해요'라는 학생도 많을 것 같습니다. 하지만, 수업에서는 실수를 두려워하지 않고 용기를 가지고 자꾸자꾸 말해주었으면 좋겠습니다. 아무쪼록 일본어로 말하는 것을 즐겨 주세요.

마지막으로, 이런 기회를 주신 박경실 회장님, 고루다 대표님, 출판에 도움을 주신 PAGODA Books 출판사 관계자 분들, 편집에 있어 도움을 주신 PAGODA 어학원 일본어학과의 선생님들, 그리고 수강해주신 학생 여러분들에게 진심으로 감사드립니다.

우에다 토모코

일러두기

話してみましょう

Warming Up 회화입니다. 주제에 대해 먼저 이야기해 보고 어떤 이야기들이 나올지 미리 알아두어 학습 집중도를 높입니다.

読みましょう mp3

각 과의 주요 문형을 이용하여 생생한 대화문으로 엮었습니다. 읽고, 듣고, 따라 말해보며 실제 원어민들이 어떤 식으로 회화를 전개해 나가는지 학습합니다.

チェックポイント

회화에서 요긴하게 사용되는 문형을 소개하며, 예문을 통해 확실히 이해하고 익힐 수 있도록 하였습니다.

練習しましょう

チェックポイント에서 정리한 회화 문형에 대한 연습입니다. 다양한 어휘를 사용해보는 충분한 응용 연습을 통해 회화 실력을 더욱 탄탄하게 다져둡니다.

フリートーキング
각 과의 회화 주제를 확장하여 자유로운 대화를 해볼 수 있도록 하였습니다. 자신의 이야기를 일본어로 표현해보며 회화의 자신감을 길러봅니다.

アクティビティ
롤플레잉, 인터뷰 등의 그룹 활동을 진행할 수 있도록 구성하였습니다. 예시를 참고하여 클래스메이트들과 활발하게 대화를 나눠보세요.

부가 학습자료 안내
www.pagodabook.com

1. 음원을 들으며 따라 말해봅니다.

2. 단어시험지 자동생성 프로그램을 이용하여 단어테스트 용지를 출력하고 어휘 학습을 점검합니다.

목차

01 一緒に花火を見に行きませんか。

ポイント

1 〜に行く・来る・戻る　　2 〜ませんか／〜ましょうか

3 〜やすい／〜にくい　　4 〜まで／〜までに　　5 疑問詞＋か

話してみましょう

1 夏にはどんなことをしますか。

2 夏の思い出を話してください。

読みましょう

スジ　夏には色んな場所で花火大会が開かれるって聞いたんですけど本当ですか。

まさき　はい、日本各地で花火大会をしますよ。

スジ　そうなんですね。いつか行ってみたいと思っていました。

まさき　そういえば、来週はこの近くでしますよ。

スジ　そうなんですか。
　　　よかったら、一緒に行きませんか。

まさき　いいですよ。行きましょう。

スジ　(ケータイで調べながら) 花火大会は夕方7時からですね。

まさき　じゃあ、浅草駅に夕方4時までに来てください。
　　　早めに行って場所を取りましょう。

スジ　わかりました。レジャーシートを持って行きましょうか。

まさき　いいんですか。お願いします。
　　　座った方が見やすいのでレジャーシートがあるといいですね。

スジ　花火大会に行ったら何を食べようかな。
　　　屋台で焼きそば、焼き鳥、生ビール…。とても楽しみです。

まさき　スジさんは花より団子ですね。

🎧 mp3

単語

各地 각지 ｜ **花火大会** 불꽃놀이 ｜ **開かれる** 열리다 ｜ **~って** ~라고 ｜ **夕方** 저녁 ｜ **早めに** 조금 일찍 ｜ **場所を取る** 자리를 잡다 ｜ **レジャーシート** 돗자리 ｜ **屋台** 포장마차, 노점 ｜ **焼きそば** 야키소바 ｜ **焼き鳥** 닭꼬치 ｜ **生ビール** 생맥주 ｜ **花より団子** 꽃보다 경단('금강산도 식후경'에 해당하는 속담)

チェックポイント

1 (Vます形&動作性名詞) に行く・来る・戻る

- 美容院へ髪を切りに行きます。
- ソウルから東京へ仕事に来ました。
- 家へケータイを取りに戻ります。
- 山へ写真を撮りに行ってきました。

2 (Vます形) ませんか／ましょうか

- **A** よかったら、一緒に昼ご飯を食べませんか。

  B すみません。今日は約束があります。
- **A** 時間があれば、週末に映画でも見に行きませんか。

  B いいですね。行きましょう。
- **A** どんな映画を見ましょうか。

  B アクション映画はどうですか。
- **A** その荷物、私が持ちましょうか。

  B すみません。お願いします。

3 (Vます形) やすい／にくい

- 最近、忘れやすくて困っています。
- そこは滑りやすいので、注意してください。
- この字は小さくて読みにくいです。
- 日本人の名字は覚えにくいです。

4 　(N) まで／までに

- 午前9時から午後6時まで働いています。

- 疲れていたから昼までゆっくり休みました。

- 明日までに宿題を出してください。

- クリスマスまでに彼氏がほしいです。

5 　疑問詞 ➕ か

◆ 疑問詞 ◆

時間	いつ	物	何
場所	どこ	方法	どう (やって)
人	誰	選択	どちら

- いつかヨーロッパ旅行に行きたいです。

- あそこに誰かいます。

- どこかいい店を知っていますか。

- **A** 何か食べませんか。

  B 今は何も食べたくないです。

🎧 mp3

単語

お願いする 부탁하다 ｜ 困る 곤란하다 ｜ 滑る 미끄러지다 ｜ 字 글자, 글씨 ｜ 名字 성(성씨) ｜
働く 일하다 ｜ 誘う 권하다, 청하다 ｜ エアコンをつける・消す 에어컨을 켜다·끄다 ｜ 画面 화면 ｜
明後日 모레 ｜ 普通 보통, 대개 ｜ ぐっすり寝る 푹 자다 ｜ また 또, 다시 ｜ 上手く 잘 ｜
断る 거절하다 ｜ 日時 일시 ｜ 待ち合わせ 약속의 시간과 장소 ｜ 用意する 준비하다 ｜ 2泊3日 2박 3일 ｜
カフェ巡り 카페 돌아다니기 ｜ 観光 관광 ｜ 空港 공항 ｜ 自撮り棒 셀카봉

練習しましょう

---

1 絵を見ながら「〜に行く」を使って話しましょう。

例 アメリカへ家族に会いに行きます。

---

❶ 公園へ

❷ カフェへ

❸ 海へ

❹ 図書館へ

❺ コンビニへ

❻ デパートへ

❼ <ruby>済州島<rt>チェジュド</rt></ruby>へ

❽ 日本へ

---

2 Aさんは「〜ませんか」「〜ましょうか」を使ってBさんを誘ってみましょう。
Bさんはそれに答えてください。

例 A 最近、残業続きで疲れていると思いますから、早く帰りませんか。
　　B そうですね。もう帰りましょう。

---

❶ A チケットがあるんですが、
　　　　　　　　　　　　　　ませんか。
　　B 　　　　　　　　　　　　　　　。

❷ A 少し疲れましたね。
　　　　　　　　　　　　　　ませんか。
　　B じゃあ、　　　　　　　ましょうか。

❸ A 今日暇なら、一緒に
　　　　　　　　　　　　　　ませんか。
　　B 　　　　　　　　　　　　　　　。

❹ A 明日、クラスのみんなで
　　　　　　　　　　　　　　ませんか。
　　B いいですね。　　　　　ましょうか。

---

3 困っている人がいます。「〜ましょうか」を使って話しましょう。

例 エアコンをつけましょうか。

---

❶

❷

❸

❹

4 「〜やすい」「〜にくい」を使って話しましょう。

例 **A** そのケータイは使いやすいですか。
B 画面が大きくて使いやすいです。
B 重くて使いにくいです。

 　　 　　❸ 　　❹

5 「まで」「までに」の中から一つ選びましょう。

❶ **A** 旅行はいつまでですか。
B 明後日　まで　・　までに　です。

❷ **A** このレポートはいつまでですか。
B 今週の木曜日　まで　・　までに　出してください。

❸ **A** プレゼントは準備しましたか。
B 明日　まで　・　までに　準備します。

❹ **A** 夏休みはいつまでですか。
B 9月　まで　・　までに　です。

❺ **A** 何時に仕事が終わりますか。
B 普通、6時　まで　・　までに　終わりますよ。

❻ **A** ぐっすり寝ましたか。
B はい。昼　まで　・　までに　寝ました。

❼ **A** 今日は早く帰ってきなさい。
B お父さんが帰ってくる前　まで　・　までに　帰ってくるよ。

フリートーキング

1 最近行った場所、または行きたい場所について「○○へ〜に行く」を使って話しましょう。

例　・夏休みに、沖縄へダイビングをしに行きました。海がとてもきれい
　　でした。また行きたいと思っています。
　・冬の北海道へ雪を見に行きたいです。北海道の冬の景色はとても
　　きれいだと聞きましたから。

2 「〜ませんか」「〜ましょうか」を使って誘ってください。誘われた人は上手く断わってください。

例　A ○○さん、映画が好きですか。

　B はい、好きですよ。

　A よかったら、週末に映画を見に行きませんか。

　B 行きたいんですが、週末はもう約束があって。また誘ってください。

3 あなたの考えを話してください。

例　作りやすい料理は？

➡カレーライスが作りやすいです。家にある野菜と肉を使えばいい
　です。料理が下手な人でもおいしく作れます。

❶ 作りやすい韓国料理は？　　　　　❷ 友達になりにくい人は？

❸ 行きやすい国内旅行先は？　　　　❹ [自由]

4 「○○までに〜をします！」を使ってあなたの決心を話しましょう。

例　今週までに…　　日本語の単語を100個覚えます！

❶ 今月までに…　　　❷ 今年までに…　　　❸ ○○までに…

アクティビティ

旅行に行きましょう

☑️ クラスメイトを旅行に誘いましょう。そして、どんなことをするか話しましょう。

例

日時	8月2日から2泊3日
行く場所	済州島 （チェジュとう）
すること	・おいしいものを食べる ・カフェ巡り ・観光
待ち合わせ	金浦空港に午前8時 （キンポ）
用意するもの	・カメラ ・自撮り棒
お土産	みかんのチョコ

例 **A** 8月にみんなで一緒に旅行に行きませんか。

B 旅行ですか。いいですね。行きましょう。

A どこがいいと思いますか。

B そうですね…。済州島はどうですか。

最近、飛行機のチケットが高くないと聞きました。…

02 コスプレサミットという イベントを知っていますか。

① 〜ている ＊〜を知っている／知りません
② 〜てみる ③ 〜てしまう ④ 〜という

話してみましょう

1 祭りやイベントに行ったことがありますか。

2 どんな祭りやイベントに行ってみたいですか。

読みましょう

ス　ジ	まさきさん、さっき会社に来る途中で珍しい服を着ている人をたくさん見たんですが、今日は何かあるんでしょうか。
まさき	ああ、スジさんは世界コスプレサミットというイベントを知っていますか。
ス　ジ	いいえ、知りません。コスプレサミットって何ですか。
まさき	世界で一番大きいコスプレのイベントで、大好きなアニメやマンガのキャラクターの服を着て、コスプレチャンピオンを決めるイベントです。
ス　ジ	へぇー、おもしろそうですね。行ってみたいです。
まさき	僕も行ってみたいと思っていたんですが、明日で終わってしまうみたいで…。
ス　ジ	そうなんですね。私も行ってみたいので、よかったら明日一緒に行きませんか。
まさき	いいですね。行ってみましょう。参加するなら私たちもコスプレをして行きませんか。スジさんはどんなコスプレをしてみたいですか。
ス　ジ	ええ、コスプレをするのはちょっと…恥ずかしいです。 私は写真を撮るだけで十分です。

単語

祭り 마쓰리(축제)　|　〜途中 ~도중(~하는 중간에)　|　珍しい 희귀하다, 보기 드물다　|

コスプレ 코스프레('Costume Play'라는 일본식 조어의 준말)　|　サミット 서밋(summit), 정상 회담　|

チャンピオン 챔피언(champion), 우승자　|　参加する 참가하다　|　恥ずかしい 부끄럽다　|　十分 충분(히)

チェックポイント

1 (Vて形) ている

- キムさんは木の下で音楽を聞いています 。
- 彼は白いシャツを着て、ジーンズを履いて、スニーカーを履いています。
- 田中さんは結婚していて、子供も2人います。
- 毎週土曜日にサッカーをしています。

◆ 知っている ↔ 知りません ○ 知っていません × ◆

- **A** 日本語学科の田中先生を知っていますか。

  B はい、知っています。厳しい先生で有名ですよね。
- **A** 日本の俳優を知っていますか。

  B いいえ、知りません。

2 (Vて形) てみる

- 私はスカイダイビングがしてみたいです。
- **A** 新しくできた居酒屋に行ってみませんか。

  B いいですね。ぜひ行ってみたいと思っていたんです。
- <デパートで>

  客　ちょっと、この靴を履いてみてもいいですか。

  店員　はい、こちらでどうぞ。
- この本おもしろいですから、ぜひ読んでみてください。

3 (Vて形) てしまう
* 〜ちゃう／じゃう

- テストの前なのに、友達から借りたマンガを一日で全部読んでしまいました。
- この仕事はもっと時間がかかると思ったけど、15分でできてしまいました。
- ダイエット中なのに、またお菓子を食べちゃった。
- 昨日道で転んじゃって、とても恥ずかしかった。

4 (N1) という (N2)
* (N1) っていう (N2)

- 「雪国」という小説を知っていますか。
- ひつまぶしという食べ物を食べたことがありますか。
- さっき、木村さんという方からお電話がありました。
- **A** マンガ研究会っていうサークル知ってる？

  B うん、マン研って呼ばれているサークルだよね。

🎧 mp3

単語

厳しい 엄격하다 ｜ 俳優 배우 ｜ お菓子 과자 ｜ 転ぶ 넘어지다 ｜ マンガ 만화 ｜ 研究会 연구회 ｜

黒い 검다 ｜ 青い 파랗다 ｜ 白い 하얗다 ｜ 黄色い 노랗다 ｜ 茶色い 갈색이다 ｜

間違える 착각하다, 잘못 알다 ｜ 秘密 비밀 ｜ はまる 빠져들다 ｜ 頑張る 열심히 하다, 분발하다 ｜

納豆 낫토 ｜ おすすめ 추천 ｜ 田舎 시골 ｜ 広い 넓다 ｜ 庭 정원, 마당 ｜ 飼う 기르다

練習しましょう

1 絵を見て「〜ている」を使って話しましょう。

例 A キムさんは何をしていますか 。
B テーブルでコーヒーを飲んでいます。

2 絵を見て「〜ている」を使って話しましょう。

例 A あの赤いセーターを着て、スカートを履いている人は誰ですか。
B 佐藤さんです。

3

「〜てみる」を使って話しましょう。

例 別府
  A どこで何がしてみたいですか。
  B 別府で温泉に入ってみたいです。

① 北海道 　　**②** 東京
③ 静岡 　　**④** 京都
⑤ 大阪 　　**⑥** 福岡
⑦ 沖縄

4

店員とお客になって会話で練習しましょう。

例 **店員** いらっしゃいませ。
  客 このコート、着てみてもいいですか。
  店員 はい、こちらでどうぞ。
  ・・・・
  店員 どうですか。
  客 とても軽いです。

① ジーンズを履く

② 帽子をかぶる

③ パソコンを使う

④ 腕時計をする

⑤ 食べる

⑥ 車に乗る

練習しましょう

5 「～てしまう」を使って話しましょう。

例 A ➡ 少し休む　B ➡ この仕事をやる
　　A 少し休みませんか。
　　B この仕事をやってしまいますから、お先にどうぞ。

❶ A ➡ 昼ご飯を食べに行く　　　　B ➡ この書類をコピーする

❷ A ➡ お茶を飲む　　　　　　　　B ➡ この資料を作る

❸ A ➡ 一緒に帰る　　　　　　　　B ➡ 明日の出張の準備をする

❹ A ➡ 休憩する　　　　　　　　　B ➡ 部長にメールを送る

6 絵を見て「～てしまう」を使って話しましょう。

例 スマホをなくす
　　A どうしたんですか。
　　B スマホをなくしてしまったんです。
　　A それは大変ですね。一度電話をかけた方がいいですよ。

❶ 財布を落とす

❷ 道に迷う

❸ 大事なメッセージを消す

❹ 乗る電車を間違える

❺ ケガをする

❻ 秘密をしゃべる

フリートーキング

1 あなたが最近はまっている・頑張っていること、趣味などについて話してください。

> 例 ・私は最近日本のアイドルにはまって応援しています。
>
> ・私は毎日ジムで４０分走っています。

2 毎日していることや、毎日食べている物はありますか。

> 例 私は健康のために、毎日納豆を食べています。

3 あなたの今日の服装について話してください。

> 例 白いシャツを着て、青いズボンを履いて、茶色の靴を履いています。

4 一度はしてみたいと思うことは何ですか。
「～てみたい」を使って話してください。

> 例 私は一度バンジージャンプをしてみたいです。

5 あなたはどんな失敗をしたことがありますか。「～てしまう」を使って話してください。

> 例 海外旅行に行ったとき、パスポートをなくしてしまったことがあります。…

6 「○○という…を知っていますか」を使って、あなたのおすすめのものを紹介してください。

> 例 A お好み焼きという食べ物を知っていますか。
>
> B いいえ、知りません。お好み焼きって何ですか。
>
> A お好み焼きは大阪で有名な食べ物で、韓国の食べ物のチヂミと少し似ています。
>
> B へえ、そうなんですか。おいしそうですね。食べてみたいです。

アクティビティ

将来、私は…

✓ あなたは将来、どんな生活をしていると思いますか。クラスメイトに聞いてみましょう！

例 **A** Bさんは将来、どんな家に住んでいると思いますか。

B 私は、田舎の広い庭がある家に住んでいると思います。
そして、犬も飼っていると思います。

	メモ
例 家 （どこ？どんな家？）	
仕事 （どんな仕事？どう？）	
彼氏・彼女 （どんな人と付き合っている？）	
健康 （健康管理している？）	
趣味 （どんな趣味を楽しむ？）	
その他	

Memo

03 京都に行ったことが あります。

ポイント
① 〜たことがある　② 形容詞、名詞の過去形
③ 〜とき　④ 〜たばかり

生 八つ橋

話してみましょう

1 あなたは日本に行ったことがありますか。

2 はい　➡　日本で何をしましたか。

　いいえ　➡　日本に行ったら、何をしてみたいですか。

読みましょう

スジ　旅行で京都<ruby>京都<rt>きょうと</rt></ruby>に行くことにしたんですけど、京都に行くならいつがおすすめですか。

まさき　そうですね。京都は一年中きれいですけど春または秋がいいと思いますよ。

スジ　どうしてですか。

まさき　京都の桜と紅葉はとてもきれいなんです。

スジ　そうなんですね。夏は暑すぎますか。

まさき　はい。夏の京都に行ったことがありますけど、蒸し暑くて観光するのが大変でした。でも、どうして京都なんですか。

スジ　日本に来たばかりのとき、テレビCM<rt>シーエム</rt>で京都の景色を見たんですが、とてもきれいでそのときからずっと行きたいと思っていたんです。

まさき　そうだったんですね。京都は有名な観光地がたくさんあるので、2泊以上した方がいいと思いますよ。

スジ　わかりました。2泊以上ですね。
　　　それと、必ず行った方がいい場所がありますか。

まさき　<ruby>清水寺<rt>きよみずでら</rt></ruby>と<ruby>嵐山<rt>あらしやま</rt></ruby>には絶対に行ってください。とてもきれいですから。

スジ　わかりました。いろいろ教えてくれてありがとうございます。

まさき　それと、お土産は<ruby>八<rt>や</rt></ruby>つ<ruby>橋<rt>はし</rt></ruby>をお願いします。

単語　🎧 mp3

<ruby>一年中<rt>いちねんじゅう</rt></ruby> 일 년 내내 ｜ **または** 또는, 그게 아니면 ｜ <ruby>桜<rt>さくら</rt></ruby> 벚꽃 ｜ <ruby>紅葉<rt>こうよう</rt></ruby> 단풍 ｜ <ruby>蒸<rt>む</rt></ruby>し<ruby>暑<rt>あつ</rt></ruby>い 무덥다 ｜ <ruby>2泊<rt>にはく</rt></ruby> 2박 ｜
<ruby>必<rt>かなら</rt></ruby>ず 반드시, 꼭 ｜ <ruby>絶対<rt>ぜったい</rt></ruby>に 꼭, 무조건

チェックポイント

1 (Vた形) たことがある

- 海外旅行中、困ったことがあります。
- 一回だけ、飛行機に乗り遅れたことがあります。
- 一度も富士山(ふじさん)に登ったことがないです。
- まだ、日本人と話したことがありません。

注意 時々、英語で会議をすることがあります。

2 形容詞、名詞の過去形
（いA：〜かった・〜くなかった、なA&N：〜だった・〜じゃなかった）

- 初めての一人暮らしは思ったより寂しかった。
- あの俳優はテレビで見るより、実物の方がかっこよかった。
- 天気がとてもよくて、空も青くてきれいだった。
- キムさんは会社員になる前は公務員だった。

3 (V：〜た・〜る・〜ている、いA：〜かった・〜い、なA：〜だった・〜な、N：〜だった・〜の) とき

- 道で転んだとき、とても恥ずかしかったです。
- 映画を見るときは、ケータイをマナーモードにしてください。
- 何か食べているときは、しゃべらないでください。
- 首が痛いときは、ストレッチをしています。
- 仕事をするのが嫌なときは、好きな歌を聞いてみるといいですよ。
- 子供だったときはガラケーでしたけど、高校のときからはスマホを使っています。

4 (Vた形) たばかり

- 一カ月前に入社したばかりです。
- ダイエットを始めたばかりですが、もうやめたいです。
- 彼氏と別れたばかりなので、まだ辛いです。
- さっきご飯を食べたばかりなのに、もうお腹が空いた。

⋒ mp3

単語

乗り遅れる (交通편을) 놓치다, 늦어서 못 타다 ┃ 寂しい 쓸쓸하다, (슬프고) 외롭다 ┃ 実物 실물 ┃

公務員 공무원 ┃ 道で転ぶ 길에서 넘어지다 ┃ しゃべる 말하다, 수다 떨다 ┃ 嫌だ 싫다 ┃

入社する 입사하다 ┃ 辛い 괴롭다 ┃ お腹が空く 배가 고프다 ┃ 財布をなくす 지갑을 잃어버리다 ┃

旅館に泊まる 료칸에 묵다 ┃ 骨が折れる 뼈가 부러지다 ┃ オバケ 귀신 ┃ 塾 학원 ┃

就活 취업 준비 활동(就職活動의 준말) ┃ サボる 게으름 피우다, 땡땡이치다 ┃ ドキドキする 두근두근하다, 설레다 ┃

手を挙げる 손을 들다 ┃ 給料 월급 ┃ 汚れる 더러워지다 ┃ びっくりする 깜짝 놀라다 ┃ 人生 인생 ┃

場面 장면

練習しましょう

1 「〜たことがある」を使って話しましょう。

例 **A** 珍しい料理を食べたことがありますか。
B はい、あります。日本で納豆を食べたことがあります。
B いいえ、一度も食べたことがありません。

① テストで

② 一人で

③ 外国人と

④ 財布を

⑤ 日本で

⑥ 骨が

⑦ オバケを

⑧ [自由]

2 過去形を使って話しましょう。

例 **A** 小学校時代どうだった?
B 元気で明るかった。

① 小学校
　例 元気だ+明るい
　・運動が大好きだ
　・勉強が好きだ
　・よく友達と遊ぶ+おもしろい

② 中学
　・サッカー部
　・成績が悪い
　・勉強が苦手だ+運動が得意だ
　・授業中、よく寝る

③ 高校
　・静かだ+真面目だ
　・塾が好きじゃない
　・頭がいい
　・夜遅くまで勉強する

④ 大学
　・いろいろな友達がいる+楽しい
　・アルバイトが大変だ
　・就活で忙しい
　・授業をよくサボる

3 （　　）の中の日本語を正しい形に変えましょう。

例 初めて彼に（会う→）会ったとき、ドキドキしました。

❶ 質問が（ある→）　　　　　　ときは、手を挙げてください。

❷ （暇だ→）　　　　　　ときは、家でゴロゴロしたり、読書をしたりしています。

❸ 父は（若い→）　　　　　　とき、野球選手でした。今は、野球を教えています。

❹ 日本に（行く→）　　　　　　とき、東京タワーの前で写真を撮りました。

❺ （風邪→）　　　　　　ときはちゃんと食べて、よく寝た方がいいですよ。

❻ A ちゃんと話を聞いていますか。
　　人が（話す→）　　　　　　ときは、相手の目を見てください。
　 B はい。わかりました。すみません。

❼ A 眠くて勉強に集中できません。
　 B （眠い→）　　　　　　ときはコーヒーがいいですよ。

4 「～たばかり」を使って話しましょう。

例 【バイトを始める】大変だ・覚えた
　　バイトを始めたばかりですから、まだ大変です。
　　バイトを始めたばかりですけど、もう仕事を覚えました。

❶ 【朝起きた】
　体が軽い・眠い

❷ 【昨日会う】
　どんな人かわからない・友達になる

❸ 【習う】
　わかる・忘れる

❹ 【彼女に振られる】
　寂しい・合コンに行く

❺ 【給料をもらう】
　お金がある・お金がない

❻ 【買う】
　新しい・汚れる

フリートーキング

1 あなたはどこに行ったことがありますか。

例　・私は日本の東京に行ったことがあります。
　　・原宿に行って、珍しい食べ物や珍しい服を着ている人を見たことがあります。

2 「〜たことがある・ない」を使って、びっくりする話をしてください。

例　・ギャンブルにお金をたくさん使ったことがあります。
　　・人生で一度も遅刻をしたことがないです。

3 「〜とき」を使って、昔の思い出を話してください。

例　高校のとき、付き合っていた先輩にカセットテープをもらいました。
　　家に帰ってそのテープを聞いてみると、私へのラブソングでした。いい思い出です。

4 どんなときが〇〇ですか。質問に答えましょう。

質問

❶ 〇〇とき、寂しいと思います。
❷ 〇〇とき、一番楽しかったです。
❸ 〇〇とき、一番大変でした。
❹ 〇〇とき、会社・学校を辞めたいと思いました。
❺ ［自由］

5 「〜たばかり」を使って、あなたが何かを始めたばかりのときの話をしてください。

例　日本語の勉強を始めたばかりのときは、いろいろな場面で日本語が
　　出てきました。
　　店で注文するとき、店員さんに「すみません」と話したり、英語の授
　　業で「はい」と言ったりして少し恥ずかしかったです。

アクティビティ

みんなの経験

☑ クラスの中で誰が一番珍しい経験をしたことがあるか調べてみましょう。

例 A どんな珍しいことをしたことがありますか。
B ラスベガスでカジノをしたことがあります。

質問	さん	さん
○○をする		
○○を見る		
○○を食べる		
○○に会う		
○○に行く		
○○を作る		
○○を教える		
○○を触る		

04 楽な服で来てもいいですよ。

ポイント

1 〜てもいい／〜てはいけない
2 〜なくてもいい／〜なければならない
3 〜ないで
4 〜なくて

話してみましょう

1 あなたの会社やアルバイト先、学校にはどんなルールがありますか。

2 仕事をするとき(バイトをするとき)、気をつけなければならないことは何ですか。

読みましょう

部　長　今日からうちの会社に入社した上田さんです。スジさん、会社の規則について教えてあげてください。

ス　ジ　はい。わかりました。

上　田　新入社員の上田と申します。これからよろしくお願いいたします。

ス　ジ　キムと申します。よろしくお願いいたします。まず、9時半から仕事を始めるので9時半までに出勤しなければなりません。そして、毎週水曜日は朝に会議をするので、9時までに出勤しなければなりません。

上　田　はい。わかりました。それと服装はどうすればいいですか。

ス　ジ　服装は自由ですから、働きやすい服を着てください。
　　　　つまり、スーツを着ないで、楽な服で来てもいいですよ。

上　田　はい、楽な服でもいいんですね。先程、部長にテレワークの話を少し聞いたんですが…。

ス　ジ　一週間に1回、好きな曜日にテレワークができます。ただし、水曜日は会議があるので水曜日にテレワークをしてはいけません。

上　田　水曜日じゃなくて、他の曜日を選べばいいんですね。

ス　ジ　ここまでがうちの会社のルールです。わからないことがあれば、いつでも聞いてくださいね。

🎧 mp3

単語

楽だ 편하다 ｜ 規則 규칙 ｜ 新入社員 신입 사원 ｜ ～と申します ~라고 합니다 ｜ 出勤 출근 ｜
服装 복장 ｜ つまり 즉, 요컨대 ｜ 先程 아까, 조금 전 ｜ テレワーク 재택근무(telework) ｜ ただし 단, 다만

チェックポイント

1

～てもいい／～てはいけない
(V：て形、いA：いく) てもいい／てはいけない
(なA：だ、N) でもいい／ではいけない

- **A** 授業中、辞書を使ってもいいですか。

  B 使ってもいいですが、なるべく使わないようにしてください。

- **A** 家から会社まで遠くてもいいですか。

  B 出勤時間が早いので遠くてはいけません。

- **A** 結婚相手が貧乏でもいいですか。

  B 貧乏でもいいですが、性格が良くなくてはいけません。

- **A** 結婚相手は外国人でもいいですか。

  B 外国人でもいいですが、韓国語が話せなくてはいけません。

2

～なくてもいい／～なければならない (なければいけない)
(V：ない形、いA：いく、なA：だじゃ、N：じゃ)

- 明日は授業があるので学校に行かなければなりませんが、明後日は学校に行かなくてもいいです。

- 結婚相手は背が高くなくてもいいですが、お金がなければなりません。

- この会社に入るためには、日本語は上手じゃなくてもいいですが、英語が上手じゃなければなりません。

- **A** 新婚旅行は海外じゃなければなりませんか。

  B いいえ、国内にも素敵な場所がたくさんあるので、海外じゃなくてもいいです。

3 (Vない形) ないで

• 時間がなかったので、朝ご飯を食べないで学校へ行きました。

• 宿題をしないで、寝てしまいました。

• とても疲れていたので、昨日は化粧を落とさないで寝てしまいました。

• 今日はバスに乗らないで、歩いて会社へ行こう。

4 (V：ない形、いA：いく、なA：だじゃ、N：じゃ) なくて

• 朝ご飯を食べなくて、お腹がペコペコです。

• この家は家賃も高くなくて、駅からも近くて便利です。

• 同僚が親切じゃなくて、みんな困っている。

• 東京まで飛行機じゃなくて、夜行バスに乗って行くつもりです。

🎧 mp3

単語

辞書 사전 ｜ なるべく 되도록, 가급적 ｜ 貧乏だ 가난하다 ｜ 新婚旅行 신혼여행 ｜

化粧を落とす 화장을 지우다 ｜ 家賃 집세 ｜ 夜行バス 야간 버스 ｜ 作品 작품 ｜

傷つける 상처 입히다, 훼손하다 ｜ リードを外す 목줄을 벗기다 ｜ 臭い 냄새(악취)가 나다 ｜ 交通 교통 ｜

お正月 설, 정월 ｜ 集まる 모이다 ｜ 残業する 야근하다 ｜ 醤油 간장 ｜ ふらふらする 휘청거리다 ｜

マンション (고층) 아파트 ｜ 分ける 나누다, 구분하다 ｜ 条件 조건 ｜ 当たり前 당연함 ｜ 賛成 찬성 ｜

反対 반대 ｜ 払う (돈을) 내다, 지불하다

練習しましょう

1 絵を見て「〜てもいいですか」「〜てはいけません」を使って話しましょう。

例 **A** 美術館で写真を撮ってもいいですか。
B 作品を傷つけるかもしれないので、撮ってはいけません。

① 公園で

ⓐ リードを外す

ⓑ 食べ物を食べる

ⓒ 自転車に乗る

② 図書館で

ⓐ おしゃべりをする

ⓑ 飲み物を飲む

ⓒ 電話をかける

③ [自由]

2 「〜てもいいです」「〜てはいけません」を使って話しましょう。

例 部屋でタバコを吸う
A 部屋でタバコを吸ってもいいですか。
B はい、吸ってもいいです。
B いいえ、部屋が臭くなるので、吸ってはいけません。

① 会社を7日以上休む

② 夜遅く家に帰る

③ 彼氏・彼女が遠くに住んでいる

④ 自分のやりたい仕事ができるけど、給料が安い

⑤ 住む場所はとても静かな場所だけど、交通が不便

⑥ 娘・息子が勉強をしないで遊ぶ

3 「〜なければなりません」「〜なくてもいいです」を使って話しましょう。

例 A 飲み会の日は週末じゃなければなりませんか。
B はい、仕事の後に飲み会をすると疲れるので、週末じゃなければなりません。
B いいえ、週末じゃなくてもいいですが、早く家に帰らなければなりません。

❶ お正月は家族全員集まる　　　　❷ 会社で残業する

❸ 自分の部屋が広い　　　　　　　❹ 家族に誕生日プレゼントをあげる

❺ 新婚旅行は海外　　　　　　　　❻ [自由]

4 絵を見て「〜ないで」を使って話しましょう。

例 砂糖を入れる・コーヒーを飲む
　砂糖を入れないでコーヒーを飲みます。

❶ 勉強する・ゲームする

❷ ご飯を食べる・パンを食べる

❸ ネクタイを締める・会社へ行く

❹ メガネをかける・本を読む

❺ 電気を消す・寝る

❻ バスに乗る・歩いて行く

練習しましょう

5　「〜ないで」「〜なくて」のうち、ひとつ選んで話しましょう。

① A どうして遅刻しましたか。
　 B （バスが来ません→）　　　　　　　　　　　　　　　　遅刻しました。

② A この料理は醤油をかけて食べますか。
　 B いいえ、（醤油をかけません→）　　　　　　　　　　　食べてください。

③ A 今日は雨が降るでしょうか。傘を持って来てないんですけど。
　 B 天気予報で晴れだと言っていたので、降らないと思いますよ。
　　私は（傘を持ちません→）　　　　　　　　　　　　　　来ました。

④ A 昨日行ったお店はどうでしたか。
　 B 店員が（親切じゃないです→）　　　　　　　　　　　　残念でした。

⑤ A ふらふらします…。
　 B Aさん、最近ダイエットをしていましたよね。
　　あまり（無理をしません→）　　　　　　　　　　　　　何か食べた方がいいですよ。

⑥ A 発表は上手くできましたか。
　 B いいえ…。日本語が（上手にできません→）　　　　　　恥ずかしかったです。

⑦ A どうして昨日、授業に来なかったんですか。
　 B （具合がよくありません→）　　　　　　　　　　　　　来られませんでした。

⑧ A Bさんが飲んでいるのはジュースですか。
　 B ああ、これは（ジュースじゃありません→）　　　　　　お酒です。

フリートーキング

1 あなたの家や住んでいるマンション・会社・学校にはどんなルールがありますか。
「〜なくてもいいです」「〜なければなりません」を使って話しましょう。

> 例　・私のマンションでは、ごみはちゃんと分けて捨てなければなりません。
>
> 　　・私の会社では、朝9時までに出勤しなければなりません。
>
> 　　・私の学校では、夜の自習に参加しなくてもいいです。

2 あなたが考える条件を「〜(なく)てもいいです」「〜(なく)てはいけません」を使って話しましょう。

❶ 仕事は？

> 例　家から遠くてもいいですが、週末、出社してはいけません。

❷ 住む家・場所

> 例　田舎でもいいですが、病院やスーパーが近くになくてはいけません。

3 「〜ないで」を使って、時々してしまうことについて話しましょう。

> 例　・私は疲れているときは、化粧を落とさないで寝てしまいます。
>
> 　　・家を出るときに、電気を消さないで出てしまいます。

4 「〜なくて」を使って、次のエピソードについて話しましょう。

❶ 困ったとき

> 例　試験を受ける日に、バスがなかなか来なくて遅刻してしまって困りました。

❷ 恥ずかしかったとき

> 例　日本に初めて行ったとき、日本の文化をよく知らなくて、恥ずかしい経験をしたことがあります。

❸ 心配したとき

> 例　友達が約束の時間に来なくて、心配しました。

アクティビティ

これって当たり前？当たり前じゃない？

☑ あなたが「当たり前／当たり前じゃない」と思っていることを「〜てもいい」「〜てはいけない」「〜なくてもいいです」「〜なければなりません」を使って話して、それについて、「賛成」か「反対」かクラスメイトと意見を話し合いましょう。

テーマ例　お正月は家族と一緒に過ごさなければなりません。

賛成意見	反対意見
例 私は過ごさなければならないと思います。一年に1回なので、家族と集まってもいいと思います。	例 私は過ごさなくてもいいと思います。最近は忙しい人も多いので、お正月に旅行に行く人も多いです。

テーマ例

・年上の人とご飯を食べに行ったら、年上の人がお金を払わなければなりません。

・会社でプライベートな質問をしてはいけません。

・新婚旅行は海外じゃなければなりません。

・モデルは背が高くなければなりません。など…

🎧 mp3

参考単語

割り勘 (わりかん) 각자 계산(더치페이)　｜　お礼を言う (れいをいう) 감사하다고 인사하다　｜　次に払う (つぎにはらう) 다음에 내다　｜

人間関係 (にんげんかんけい) 인간관계　｜　困る (こまる) 곤란하다　｜　旅行費用 (りょこうひよう) 여행 경비　｜　韓国語が通じる (かんこくごがつうじる) 한국어가 통하다　｜

時差 (じさ) 시차　｜　治安がいい (ちあんがいい) 치안이 좋다　｜　安心する (あんしんする) 안심되다　｜　食べ物が口に合う (たべものがくちにあう) 음식이 입에 맞다　｜

観光 (かんこう) 관광　｜　かっこいい 멋있다　｜　着こなす (きこなす) 맵시 있게 입다, 옷을 잘 소화하다　｜　宣伝 (せんでん) 홍보

テーマ1

賛成意見	反対意見

テーマ2

賛成意見	反対意見

05 子供たちが遊園地に行きたがっています。

ポイント

1 ～て(ないで)ほしい   2 ～がる
3 ～ので   4 ～のに

話してみましょう

1 韓国にはどんな連休がありますか。

2 連休があったら何がしたいですか。

ス　ジ　来月はゴールデンウィークですね。
　　　　何か予定はありますか。

田　中　家族で遊園地に行くことにしました。
　　　　前から子供たちが遊園地に行きたがっていて。

ス　ジ　そうなんですね。
　　　　でもゴールデンウィークなので混みそうですね。

田　中　それは覚悟しています。連休はどこに行っても人が多いですから。
　　　　スジさんは何かしますか。

ス　ジ　私は韓国から友達が来るんですけど、その友達が箱根温泉に連れて行っ
　　　　てほしいと言っているので一緒に行くつもりです。

田　中　温泉ですか。いいですね。ところで、宿泊先は決めましたか。

ス　ジ　ネットでいい旅館を見つけたので予約するつもりです。

田　中　え、まだ予約をしていないんですか。来月なのに…。
　　　　ゴールデンウィークはどこも予約がいっぱいになるので、早く予約した方
　　　　がいいですよ。

ス　ジ　そうなんですか。じゃあ、早速、連絡してみます。

∩ mp3

単語

遊園地 유원지, 놀이공원　｜　ゴールデンウィーク 골든 위크(4월 말에서 5월 초에 걸친 휴일이 많은 주간, 황금연휴)　｜
混む 붐비다, 혼잡하다　｜　覚悟する 각오하다　｜　宿泊先 숙박할 곳, 숙소　｜
ネット 인터넷(인터넷의 준말)　｜　旅館 료칸(일본의 전통 여관)　｜　いっぱい 가득　｜
早速 당장, 빨리, 바로　｜　連絡する 연락하다

チェックポイント

1 （Vて形）てほしい
（Vない形）ないでほしい

- 社長に給料を上げてほしいと言いたいです。
- 子供に嘘をつかないでほしいです。
- 両親にはいつも元気でいてほしいです。
- 乗り物の中では大きい声で話してほしくないです。

2 （いA：〜い なA：〜だ）がる

- 週末になると子供たちはキャンプに行きたがります。
- 妻は新しい冷蔵庫をほしがっています。
- お客さんが寒がっているので冷房を切りました。
- 運動会が中止になって、子供たちは残念がっています。

注意　すべての形容詞に使えるわけではありません。よく使うものは「ほしい」「〜たい」「寒い」「暑い」
　　　「痛い」「怖い」「恥ずかしい」「寂しい」などです。

3 （V・いAの普通形、なA：〜な、N：〜な）ので

- 試合に勝ったので、とても気分がいいです。
- 暑かったので、汗をかきました。
- この部分が大事なので、絶対に覚えてください。
- 彼女はベジタリアンなので、お肉は食べないと思います。

4 （V・いAの普通形、なA：〜な、N：〜な）のに

- 水を飲んだのに、まだ喉が渇いています。
- このコートは軽くて薄いのに、暖かいです。
- 絵を描くのは上手なのに、字を書くのは下手です。
- 金曜日なのに、残業しなければなりません。

🎧 mp3

単語

上げる 올리다 | 嘘をつく 거짓말을 하다 | 両親 부모(님) | キャンプ 캠핑, 야영 | 冷蔵庫 냉장고 |

冷房 냉방 | 運動会 운동회 | 中止になる 중지되다 | 試合に勝つ 시합에 이기다 |

汗をかく 땀을 흘리다 | ベジタリアン 채식주의자 | 喉が渇く 목이 마르다 | 薄い 얇다 |

晴れる (하늘 등이) 개다 | 一生懸命 열심히 | 1位 1위 | 用事 용건, 용무 | 実家 본가, 친정 |

今朝 오늘 아침 | 気をつける 조심하다, 주의하다 | 体験する 체험하다 | おもちゃ 장난감 | 若い 젊다 |

不満 불만 | 物語 이야기 | 一杯 한 잔

😊 📄 練習しましょう

---

1 「〜てほしい」「〜ないでほしい」を使って話しましょう。

例 彼女・よく連絡する
A 彼女によく連絡をしてほしいですか。
B はい、寂しいですからよく連絡をしてほしいです。
B いいえ、忙しいですからあまり連絡をしないでほしいです（してほしくないです）。

---

❶ 子供・バイトをする ❷ 旅行に行く友達・お土産を買ってくる

❸ 明日・晴れる ❹ 母・朝起こす

---

2 絵を見て「〜がる」を使って話しましょう。

例 まさきさんはスニーカーをほしがっています。

例 がほしい
❶ が食べたい
❷ に行きたい
❸ 痛い
❹ がほしい
❺ が嫌だ
❻ が怖い
❼ 暑い
まさきさん

3 「ので」「のに」のうち、ひとつを選んで正しい形にして話しましょう。

例 A Bさんおめでとうございます。2位ですね。すごいです。
　　B いいえ、一生懸命練習を （する→） したのに 1位じゃなくて残念です。

❶ A 仕事が終わったら飲みに行きませんか。
　 B すみません。用事が （ある→）　　　　　 …。

❷ A 明日は何か予定がありますか。
　 B 明日は （休み→）　　　　　 会社に行かなければなりません。

❸ A 久しぶりに、実家に帰りましたか。
　 B はい、そうです。家族みんなが （元気だ→）　　　　　 安心しました。

❹ A Bさんが遅刻するのは珍しいですね。
　 B 今日2時まで （寝られない→）　　　　　 、今朝は早く起きられませんでした。

❺ A Bさん、服が汚れていますよ。
　 B 本当だ！この服、（買ったばかり→）　　　　　 。

4 「ので」「のに」の後ろに続く日本語を考えて話しましょう。

例 日本語が分からないので、ゆっくり話してください。
　 日本語が分からないのに、一人で日本に旅行に行きました。

❶ 英語を習っているので、　　　　　　　　　　　　　。
　 英語を習っているのに、　　　　　　　　　　　　　。

❷ 今日は父の誕生日なので、　　　　　　　　　　　　　。
　 今日は父の誕生日なのに、　　　　　　　　　　　　　。

❸ お金を入れたので、　　　　　　　　　　　　　。
　 お金を入れたのに、　　　　　　　　　　　　　。

❹ 　　　　　　　　　　　　　　　　　　ので、電話に出られませんでした。

❺ 　　　　　　　　　　　　　　　　　　ので、気をつけてください。

フリートーキング

1 韓国に来る外国人に「行ってほしい」場所や「してほしい」ことは何ですか。

例 ・韓国に来たらぜひ景福宮（キョンボックン）に行ってほしいです。

　　・韓国に来たら韓服（かんふく）を着て韓国の文化を体験してほしいです。

2「がる」を使って話してみましょう。

例 私の子供は…おもちゃをほしがっています。

❶ 私の友達は…

❷ 私の家族は…

❸ 最近の子供は…

❹ 最近の若い人は…

❺ クラスメイトの〇〇さんは…

3 こんなとき、どうやって断りますか。「ので」を使って話しましょう。

例 ＜上司に飲み会に誘われたとき＞

　　すみません、今日は体の具合が悪いので…。

❶ ＜友達に映画に誘われたとき＞

❷ ＜デートに誘われたとき＞

❸ ＜家族に手伝ってほしいと言われたとき＞

❹ ＜先輩に食事に誘われたとき＞

4 あなたの不満を「のに」を使って話してください。

例 ・一人暮らしをしたいのに、親が反対しています。

　　・仕事が忙しいのに、ずっと連絡してこないでほしいです。

アクティビティ

物語を作ってみよう

✅ 「ので」「のに」を使って物語を作って自由に話してみましょう。

例　　　　　　　　　　　（ので・のに）、高くてびっくりしました。

➡ 先週、有名なバリスタがいるカフェに行きました。
　でも、コーヒーを一杯飲んだだけなのに、高くてびっくりしました。

❶　　　　　　　　　　　　　　（ので・のに）、難しかったです。

❷　　　　　　　　　　　　　　（ので・のに）、とても怖かったです。

❸　　　　　　　　　　　　　　（ので・のに）、痛くて泣きました。

❹　　　　　　　　　　　　　　（ので・のに）、行きませんでした。

❺　　　　　　　　　　　　　　（ので・のに）、感動しました。

❻　　　　　　　　　　　　　　（ので・のに）、寝ました。

❼　　　　　　　　　　　　　　（ので・のに）、一人でした。

❽　　　　　　　　　　　　　　（ので・のに）、話せませんでした。

❾　　　　　　　　　　　　　　（ので・のに）、捨てました。

❿　　　　　　　　　　　　　　（ので・のに）、初めて〇〇をしました。

06 スマホで何でも できるようになりました。

ポイント

① 〜くなる／〜になる／〜ようになる 　② 〜ていく／〜てくる

③ 〜すぎる 　④ 〜ことにする／〜ことになる

話してみましょう

1 昔と比べて、変わったことはありますか。

2 お盆・お正月／夏休み・冬休みの計画はありますか。

読みましょう

まさき　もうすぐお盆ですね。5日間休みがありますけど、スジさんはどう過ごすつもりですか。

スジ　両親が来ることになっていて、両親と一緒に鎌倉（かまくら）旅行をすることにしました。日本ではお正月とお盆に家族と一緒に過ごしますか。

まさき　昔は家族と過ごす人が多かったですが、今は友達と過ごしたり、旅行に行く人が多くなりましたね。

スジ　そうですか。韓国も昔は秋夕（チュソク）と旧正月（きゅうしょうがつ）は家族とよく集まっていましたが、最近は家族みんなで集まる人が少なくなってきました。

まさき　僕の家も、お盆とお正月は家族や親戚みんなで集まることになっているんですが、最近、飛行機や新幹線のチケットが高すぎて…。実家に帰るのもお金がかかって大変になりました。

スジ　そうですね…。昔と比べて何でも高くなったので、何をするにも大変ですね。私も韓国に行く飛行機が高すぎて帰るのをあきらめたことがあります。

まさき　これからも物価や交通費が上がっていくと思うので、実家に帰るのがもっと難しくなりそうですね。スジさんは実家に帰れないと寂しくなりませんか。

スジ　最近はスマホでビデオ通話もできるようになって、家族の顔が見られるのであまり寂しいと思ったことがないんです。

まさき　そうですか。それはよかったです。スマホで何でもできるようになって、本当に便利になりましたね。

⌂ mp3

単語

スマホ 스마트폰(스마트폰의 준말) | お盆（ぼん）오봉(일본의 명절) | 5日間（いつかかん）5일간 | 鎌倉（かまくら）가마쿠라(지명) |
旧正月（きゅうしょうがつ）구정(음력 설) | 親戚（しんせき）친척 | 新幹線（しんかんせん）신칸센(일본의 고속 철도) | あきらめる 포기하다 |
物価（ぶっか）물가 | 交通費（こうつうひ）교통비 | ビデオ通話（つうわ）영상 통화

1 ～くなる／～になる／～ようになる
(いA) いくなる、(なA：だ、N) になる、(V基本形) ようになる

- **A** 息子さん大きくなりましたね。

  B はい、もう高校生になりました。

- **A** 春になるとどうなりますか。

  B 暖かくなって、花も咲くので、公園で散歩がしたくなります。

- **A** ケータイは昔と比べてどう変わりましたか。

  B 画面が大きくなって、軽くなって、とても便利になりました。機能も多くなって、ケータイ
  で何でもできるようになりました。

- **A** 一人暮らしを始めてどうですか。

  B インスタント食品をよく食べるようになって、料理をしなくなりました。

2 (Vて形) ていく
(Vて形) てくる

- 飲みすぎて、頭が痛くなってきました。

- ビルが多くなって、この辺りもにぎやかになってきましたね。

- **A** 先生、会話クラスで緊張してなかなか上手に話せません。

  B 今はまだあまり話せないかもしれませんが、慣れるとだんだん話せるようになっていき
  ますよ。

- **A** 最近寒くなってきましたね。

  B そうですね、これからもっと寒くなっていくと思います。

3 （V：ます形、いA：い、なA：だ）すぎる

- 昨日カラオケで歌いすぎて、喉が痛いです。
- 食べすぎて、5キロ太ってしまいました。
- この服は小さすぎて、着られそうにないです。
- 仕事が大変すぎて、病気になってしまいました。

4 （V基本形・ない形）ことにする・ことにしている
（V基本形・ない形）ことになる・ことになっている

- 食べすぎて太ってしまったので、ダイエットをすることにしました。

  太りすぎは良くないと医者に言われて、ダイエットをすることになりました。
- 日本語を勉強するために、日本に行くことにしました。

  出張で日本に行くことになりました。
- 今年の夏休みは、友達と済州島（チェジュとう）へ行くことにしました。

  今回の社員旅行は、済州島（チェジュとう）に行くことになりました。
- 私の会社では、毎日仕事を始める前に社員みんなで掃除をすることになっています。
- 寝る前にケータイを見ないことにしています。

🎧 mp3

単語

花が咲く（はながさく）꽃이 피다 ｜ 一人暮らし（ひとりぐらし）혼자 사는 생활 ｜ インスタント食品（しょくひん）인스턴트식품 ｜ 緊張（きんちょう）긴장 ｜

慣れる（なれる）익숙해지다 ｜ だんだん 점점 ｜ 社員旅行（しゃいんりょこう）사원 여행 ｜ 辞める（やめる）그만두다 ｜ 顔色（かおいろ）안색 ｜

経済（けいざい）경제 ｜ 休憩（きゅうけい）휴식 ｜ 国際化（こくさいか）국제화 ｜ 進む（すすむ）진행되다 ｜ 増える（ふえる）늘다 ｜ 倒れる（たおれる）쓰러지다 ｜

複雑だ（ふくざつだ）복잡하다 ｜ 運動不足（うんどうぶそく）운동 부족 ｜ シフト 교대 근무 ｜ 希望（きぼう）희망 ｜ 減る（へる）줄다 ｜ 普及（ふきゅう）보급

練習しましょう

1 「〜とどうなりますか」「〜くなる」「〜になる」「〜ようになる」を
使って話しましょう。

> 例 お酒を飲む
> A お酒を飲むと、どうなりますか。
> B 私は気分が良くなって、おしゃべりになります。

❶ ストレスが溜まる　　❷ 結婚する　　❸ 彼氏・彼女と別れる

❹ 秋になる　　❺ 冬になる　　❻ 仕事を辞める

2 「〜ていく」「〜てくる」どちらか選んで、正しい形に変えて練習しましょう。

> 例 A Bさん、顔色が悪いですが、大丈夫ですか。
> B はい、飲みすぎて、気分が （悪くなる→）悪くなってきました。

❶ A これから経済はどうなると思いますか。

　 B そうですね…これからも （悪くなる→）　　　　　　　　と思います。

❷ A 日本語の勉強はどうですか。

　 B 最初は簡単だったんですが。
　 　最近、文法も多くなって、だんだん （難しくなる→）　　　　　　　　。

❸ A 最近物価がとても （高くなる→）　　　　　　　、生活が大変です。

　 B そうですね。
　 　これからも物価が （上がる→）　　　　　　　かもしれないので、心配です。

❹ A パソコンの画面を見すぎて、目が （痛くなる→）　　　　　　　。

　 B そうですね。少し休憩しましょう。

❺ A 国際化が進んで外国人が （増える→）　　　　　　　。

　 B そうですね。これからも （増える→）　　　　　　と思います。

3 「〜すぎる」を使って話しましょう。Bさんはアドバイスをしてみましょう。

例 食べる／お腹が痛い
　　A 食べすぎて、お腹が痛いです。
　　B それは大変ですね。少し休んだ方がいいですよ。

① 本を読む／
　目が痛い

② 無理をする／
　倒れそう

③ 隣の家が
　うるさい／
　寝られない

④ 家賃が高い／
　住めない

⑤ ズボンが長い／
　歩きにくい

⑥ 説明書が
　複雑だ／
　わからない

4 「〜ことにする・ことになる」「〜ことにしている・〜ことになっている」の中から選んで
正しい形に変えて練習しましょう。

例 A どうして日本に行くんですか。
　　B 日本語を勉強するために、日本に行くことにしました。

① A どうしてアメリカに行くんですか。
　　B 出張で、アメリカに行く　　　　　　　　　　　　。

② A 最近運動不足なので、バスに乗らないで、毎日歩く　　　　　　　　　。
　　B それはいいですね。頑張ってください。

③ A アルバイトのシフト希望はいつまでに出せばいいですか。
　　B 毎月10日までに出す　　　　　　　　　。この紙に書いて店長に出してください。

④ A 日本人の友達を作るために、サークルに入る　　　　　　　　。
　　B そうなんですか。いい友達ができるといいですね。

⑤ A 掃除はいつしますか。
　　B うちの店では、毎朝出勤したら掃除をする　　　　　　　　。

フリートーキング

1 「〜くなる／〜になる／〜ようになる」を使って話しましょう。

❶ あなたの日本語は昔と比べてどう変わりましたか。

例 ・ 前は漢字が読めませんでしたが、少し読めるようになりました。

・ 前はテレビの日本語が全然わかりませんでしたが、わかるようになりました。

2 「〜てくる／〜ていく」を使って話しましょう。

❶ 最近増えてきたもの・こと／減ってきたもの・こと

例 ・ 最近、一人で住む人が増えて、ペットを飼う人が増えてきました。

・ インターネットが普及して、CDを買う人が減ってきました。

❷ 最近どうですか?これからどうですか?

ⓐ 映画館に行く人　　　ⓑ 本を買う人　　　　　ⓒ テレビを見る人

ⓓ 現金を使う人　　　ⓔ 韓国／日本で働く外国人

3 「〜すぎる」を使って、あなたの「○○すぎた」エピソードを話してください。

例 ・ お酒を飲みすぎて、道で寝てしまったことがあります。

・ 日本旅行をしたとき、お土産を買いすぎて荷物が多くなりました。

4 「〜ことにする」を使ってあなたのこれからの計画や決心したことを話してください。

例 ・ 健康のために、コーヒーは一日1杯だけ飲むことにします。

・ 日本語が上手になるように、日本のドラマや番組を見ることにします。

5 「〜ことになっている」を使って、あなたの家、会社、アルバイト先のルールや規則について話してください。

例 ・ 私の会社では、毎日9時までに出勤することになっています。

・ 私のアルバイト先では、仕事中は、ケータイを見てはいけないことになっています。

アクティビティ

昔と比べて、どう変わった？

✅ クラスメイトにインタビューしてみましょう！

	質問	答え
①	好き・嫌い 例 **A** 昔と比べて好きになったものは何ですか。	例 **B** 昔は魚が嫌いでしたが、今は好きになりました。
②	あなたの性格	
③	あなたの家族・友達	
④	ソウル／韓国	
⑤	自由	

07 義理チョコをあげます。

ポイント
1 さしあげる／あげる／やる　　2 くださる／くれる
3 いただく／もらう　　4 ～てさしあげる／～てあげる／～てやる
5 ～てくださる／～てくれる　　6 ～ていただく／～てもらう

話してみましょう

1 イベントは好きですか。

（バレンタイン、ハロウィン、クリスマス、記念日など）

2 イベントの思い出がありますか。

読みましょう

まさき　何か買ったんですか。大きな袋を持っていますね。

ス　ジ　明日はバレンタインデーなので、チョコを買ってきたんです。

まさき　そういえば、明日は2月14日ですね。

ス　ジ　日本では彼氏だけじゃなくて、会社の人、友達にもチョコをあげると聞いたのでたくさん買いました。

まさき　そうですね。日本には義理チョコと本命チョコの文化があるのでチョコをたくさん買うことになりますよね。

ス　ジ　義理チョコって、家族や友達。それから普段、お世話になっている人にあげるんですよね。

まさき　人によって違いますが、うちの会社はあげる雰囲気です。

ス　ジ　まさきさんはバレンタインデーが近づくとワクワクしますか。

まさき　学生時代は誰かがチョコをくれるかもしれないと思うと、ワクワクしました。でも今は全然…。

ス　ジ　やっぱりもらうとうれしいんですか。

まさき　もちろんですよ。義理でもうれしいです。

ス　ジ　ちゃんと、まさきさんにあげる義理チョコも用意しましたよ。

まさき　え、義理なんですか。

単語　🎧 mp3

義理チョコ 의리 초콜릿　|　袋 봉지　|　本命 가장 유력한 인물　|　〜って ~란, ~라는 것은　|　普段 평소(에)　|
お世話になる 신세를 지다　|　〜によって ~에 따라　|　雰囲気 분위기　|　近づく 다가오다　|
ワクワクする 설레다, 두근두근하다　|　やっぱり 역시　|　用意 준비

チェックポイント

1 さしあげる／あげる／やる

- 記念品としてお客様にキーホルダーをさしあげます。
- 去年、彼女に指輪をあげました。
- ペットにえさをやるのは父の担当です。

2 くださる／くれる

- 上司がご祝儀をくださいました。
- これは教授がくださった本です。
- 友達が私に手作りのケーキをくれました。

[注意] 「くれる」は話し手がいつも「私（または私のグループ）」になる。

3 いただく／もらう

- 部長に出張のお土産をいただきました。
- 誕生日に好きな人にネックレスをもらいました。
- 母からかわいいハンカチをもらいました。

4 （Vて形）てさしあげる／てあげる／てやる

- お客様が来たので、ソウルを案内してさしあげました。
- 友達の写真を撮ってあげました。
- 子供を学校まで車で送ってやりました。

㊟ 「〜てあげる（てさしあげる）」は目上の人に使うと失礼になることがあるのであまり使わない方がいい。

5 （Vて形）てくださる／てくれる

- 課長がうちの娘におもちゃを買ってくださいました。
- 祖母が私たちのために、料理を作ってくれました。
- 友達が紹介してくれて、今の会社で働くことになりました。

6 （Vて形）ていただく／てもらう

- 先生に本をおすすめしていただきました。
- 友達に話を聞いてもらいました。
- 母からオムライスの作り方を教えてもらいました。

注意　**A** 行為をする人　**B** 行為の対象者　**C** 目的語

<u>お母さん</u>は<u>子供</u>に<u>料理</u>を作ってあげました。
　　　A　　　　　**B**　　　　**C**

① **C**（目的語）がない場合　→　**B**を

- 私は母を手伝ってあげました。
- 家族は私を応援してくれました。

② **C**（目的語）が**B**（対象者）の体の一部、所有物の場合（**B**に、**B**の）

- 私は肩をもんでもらいました。
- キムさんはイさんのかばんを持ってあげました。

🎧 **mp3**

単語

記念品 기념품 ｜ キーホルダー 키홀더, 열쇠고리 ｜ 指輪 반지 ｜ えさ 먹이, 사료 ｜ 担当 담당 ｜

ご祝儀 축의금 ｜ 手作り 수제 ｜ ハンカチ 손수건(ハンカチーフ의 준말) ｜ 素敵だ 멋지다, 근사하다 ｜

手帳 수첩 ｜ サプリメント 영양제, 보조제(supplement) ｜ 成人 성인 ｜ お祝い 축하 ｜ 香水 향수 ｜

還暦 환갑 ｜ 印象的だ 인상적이다 ｜ 似顔絵 초상화 ｜ 落ち込む 침울해지다 ｜ 現地の人 현지인 ｜

発表 발표 ｜ 人数 인원수

練習しましょう

1
「もらう」「くれる」を使って話しましょう。

例 ネクタイ・彼女
A 素敵なネクタイですね。
B そうですか。彼女にもらいました。／彼女がくれました。

1 時計・父

2 ネックレス・彼氏

3 スカーフ・夫

4 かばん・母

2
絵を見て話しましょう。

例 私は友達にサッカーボールをあげました。

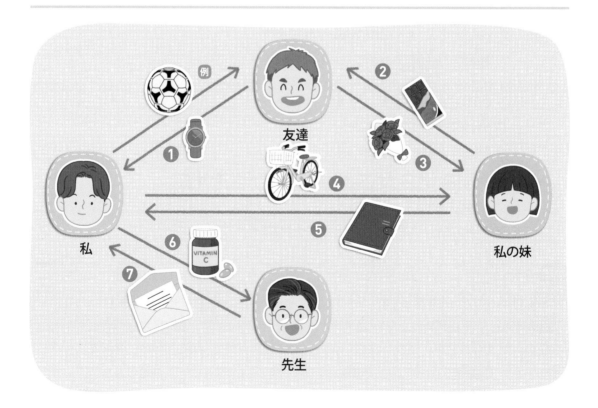

3　絵を見て話しましょう。

例　私は友達に勉強を教えてあげました。

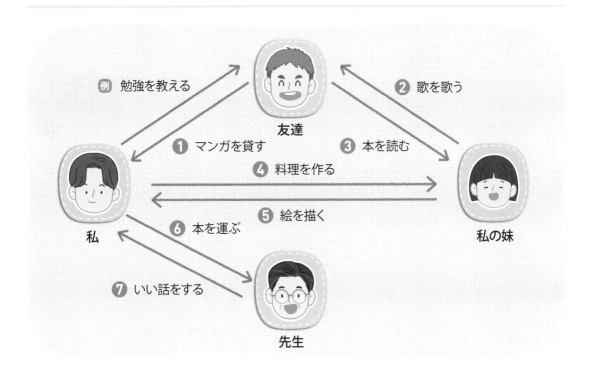

例　勉強を教える

❷　歌を歌う

❶　マンガを貸す

❸　本を読む

❹　料理を作る

❺　絵を描く

❻　本を運ぶ

❼　いい話をする

友達

私

私の妹

先生

4　下の中から選んで、正しい形に変えて書きましょう。

【さしあげる・あげる・やる・くださる・くれる・いただく・もらう】

例　夕方になったら、犬を散歩に連れて行って**やります**。

❶　壊れたパソコンを兄に直して　　　　　　　　　　　　。

❷　祖父が　　　　　　　　　　　　　お金でこのゲームを買いました。

❸　昨日の夜、部長に家まで送って　　　　　　　　　　て、早く帰りました。

❹　子供に紙飛行機を作って　　　　　　　　　　　。

❺　部長が困っていたので、スマホの使い方を教えて　　　　　　　　　　　。

フリートーキング

1 最近、いつ、誰にどんなプレゼントをあげましたか。

例 ・両親の結婚記念日にペアのパジャマをあげました。

・娘の成人のお祝いに香水をあげました。

2 最近、いつ、誰がどんなプレゼントをくれましたか。

例 ・付き合って1年の記念日に、彼女がスニーカーをくれました。

・還暦のとき、息子が赤いセーターをくれました。

3 これまでもらったプレゼントの中で印象的だったものは何ですか。

例 似顔絵をもらったことがあります。絵を描くのが得意な友達が私の絵を描いてくれました。

4 家族や友達、恋人にどんなことをしてあげたいですか。

例 友達が試験に落ちて落ち込んでいるので、旅行に連れて行ってあげたいです。

5 元気がなかったとき、辛かったとき、周りの人はどんなことをしてくれましたか。

例 仕事で大きなミスをしてしまったとき、先輩が一緒にお酒を飲んでくれました。

6 知らない人にしてもらった親切を「〜てもらう」を使って話しましょう。

例 海外旅行中、現地の人に道を聞きましたがよくわかりませんでした。そしたら、その人は私が行きたいところまで一緒に行ってくれました。

アクティビティ

パーティーしよう！

☑ みんなで〇〇パーティーをすることになりました。

❶ 誰がどんな準備を担当するか話しましょう。

　　例 **A** 誰か飲み物を買ってきてくれませんか。

　　　　B はい、私が買って行きます。どんな飲み物を用意しましょうか。…

❷ ❶を決めた後で発表してください。

　　例 飲み物はBさんが買ってきてくれます。そして、料理は…

❶ パーティー	例 クリスマスパーティー
❷ 来る人数	
❸ 場所・日時	
❹ 飲み物	例 Bさんが担当（ビールと赤ワイン）
❺ 料理	例 〇〇さんが担当（ピザとチキン）
❻ プレゼント	例 プレゼント交換をする
❼ スケジュール （ゲーム・カラオケ・映画など）	

08 着物を着ている人が見えますね。

ポイント

① 可能形　　② 可能の意味を持つ自動詞
③ 〜ように／〜ないように　　④ もう／まだ

話してみましょう

1 韓国では成人の日に何をしますか。

2 韓国では成人になると、どんなことができますか。

読みましょう

🎧 mp3

まさき　今日は成人の日なので、街で着物を着ている人がたくさん見えますね。

スジ　日本では成人の日に着物を着るんですか。

まさき　はい、女の人は振袖という着物を着て成人式に行く人が多いです。
韓国では成人の日に韓服を着ますか。

スジ　いいえ、成人の日に着ないですし、最近は街で韓服を着る人がほとんど見られません。

まさき　あれ、でもソウル旅行に行ったとき、景福宮で韓服を着た人をたくさん見たんですが。

スジ　ああ、あれは観光用の韓服です。景福宮や全州などの観光地では韓服が借りられて、韓服を着て観光ができるんです。

まさき　そうなんですね。そういえば僕の姪も今年成人になります。

スジ　姪っ子さんにプレゼントをもうあげましたか。

まさき　それがまだプレゼントを買っていなくて…何をあげようか悩んでいます。

スジ　日本ではどんな物をあげますか。

まさき　社会人になったら使えるように、ボールペンやネクタイ、時計などをあげます。よかったら今度買い物に一緒に行きませんか。姪にあげるプレゼントを一緒に選んでほしいです。

スジ　いいですよ。行きましょう。

🎧 mp3

単語

成人の日 성년의 날 ｜ 着物 기모노(일본의 전통 의상) ｜ 振袖 후리소데(소매가 긴 기모노) ｜
ほとんど 거의, 대부분 ｜ 景福宮 경복궁 ｜ ～用 ~용 ｜ 観光地 관광지 ｜ 姪 조카(딸) ｜ 社会人 사회인

08 着物を着ている人が見えますね。　71

チェックポイント

1 可能形

◆ **動詞　可能形の作り方** ◆

1グループ （え段+る）	行く→行ける	話す→話せる
	読む→読める	会う→会える
2グループ （る+られる）	食べる→食べられる	見る→見られる
	起きる→起きられる	寝る→寝られる
3グループ	来る→来られる	する→できる

- 日本語で作文が書けます。
- 自転車に乗れます。
- 田中さんは辛い食べ物が食べられますか。
- **A** キムさんは運転できますか。

  B 私は運転免許がないので、できません。

2 可能の意味を持つ自動詞

- メガネをかけると、よく見えます。
- 隣の部屋から誰かが話している声が聞こえます。
- 冷蔵庫の中がいっぱいで、もう何も入らないです。
- 日本語を勉強しているので、テレビやドラマの日本語がわかります。

※自分の意志とは関係なく、自然にそれができるというニュアンスを持つ。

3 (V基本形) ように
(Vない形) ないように

- この薬は子供でも飲めるように、少し甘くしてあります。
- みんなに聞こえるように、大きい声で話してください。
- 太らないように、甘い食べ物は食べないようにしています。
- 忘れないように、ちゃんとメモをしてください。

4 もう (…ました)
まだ (…ていません)

- もう、レポートを提出しましたか。
- まだ宿題をしていないので、今日は宿題をしてから寝るつもりです。
- **A** 佐藤さんはもう来ましたか。

  B いいえ、まだ来ていません。電話をしてみましょうか。
- **A** 夏休みにどこに行くかもう決めましたか。

  B いいえ、まだ決めていません。今旅行サイトを見て考えているところです。

🎧 **mp3**

単語

免許 면허 | ちゃんと 제대로, 확실히 | 提出 제출 | 字幕 자막 | 階 층 | 事務室 사무실 |

注射を打つ 주사를 놓다 | 計画を立てる 계획을 세우다 | チャージする 충전하다 | 足音 발소리 |

自慢する 자랑하다 | ほめる 칭찬하다 | コンクール 콩쿠르, 경연 대회 | 優勝 우승 |

わざと 일부러, 특별히 | 当てる 맞히다 | 見破る 간파하다

練習しましょう

1 可能形を使って話しましょう。

例 日本語でメールを書く
A 日本語でメールが書けますか。
B はい。長い文は書けませんが、短い文なら書けます。

① 泳ぐ

② 外国語を話す

③ お酒を飲む

④ 料理を作る

⑤ ギターを弾く

⑥ 家まで歩いて帰る

⑦ 日本料理を何でも食べる

⑧ 日本のドラマを字幕なしで見る

2 可能形を使って練習しましょう。

例 どこ・コピーをする／1階の事務室
A どこでコピーができますか。
B 1階の事務室でできます。

① どこ・荷物を送る／郵便局やコンビニ

② どこ・韓服を着る／景福宮などの観光地
キョンボックン

③ いつ・雪岳山に登る／6月〜2月
ソ ラクサン

④ いつから・海雲台で泳ぐ／6月1日
ヘ ウン デ

⑤ 何時まで・買い物をする／午後8時

⑥ どのくらい・本を借りる／2週間

3 （　）に「見える・聞こえる・わかる・入る」の中から選んで入れて練習しましょう。

例 ⓐ 音が小さい　ⓑ もう少しボリュームを大きくする
A 音が小さくて（聞こえ）ないですね。
B そうですね。もう少しボリュームを大きくしましょう。

❶ ⓐ 字が小さい　　　ⓑ もう少し前に座る

❷ ⓐ 問題が難しい　　ⓑ 先生に聞いてみる

❸ ⓐ 本が大きい　　　ⓑ 他のかばんに入れる

❹ ⓐ 外がうるさい　　ⓑ 注意する

4 「ように」「ないように」を使ってアドバイスをしてください。

例 **A** カタカナが覚えられません。
B カタカナが覚えられるように、何回も書いて練習をしてください。

❶ A よく風邪を引いてしまいます。　　➡ **B** 　　　　　　　　　　　　　　　　　。

❷ A 日本人の友達を作りたいです。　　➡ **B** 　　　　　　　　　　　　　　　　　。

❸ A いつも遅刻してしまいます。　　　➡ **B** 　　　　　　　　　　　　　　　　　。

❹ A いつも道を間違えます。　　　　　➡ **B** 　　　　　　　　　　　　　　　　　。

❺ A いつも彼氏・彼女に振られてしまいます。➡ **B** 　　　　　　　　　　　　　　　。

❻ A 緊張して上手く話せません。　　　➡ **B** 　　　　　　　　　　　　　　　　　。

🙂 ☰ 練習しましょう

5 Aさんは「もう〜ましたか」を使って質問しましょう。

Bさんは「もう〜ました／まだ〜ていません」を使って答えましょう。

例 ○○をする

A もう宿題をしましたか。

B はい、もうしました。／いいえ、まだしていません。

---

① ○○に行く

② ○○の映画を見る

③ ○○を食べる

④ ○○を卒業する

⑤ ○○のプレゼントを買う

⑥ ○○のニュースを見る

⑦ ○○の注射を打つ

⑧ ○○の計画を立てる

フリートーキング

1 あなたができること・できないことについて可能形を使って話しましょう。

例　・私は子供の頃に水泳を習っていたので、100メートルくらい泳げます。

　　・私は辛い物が苦手で食べられません。

2 子供の頃できなかったことについて話しましょう。

子供の頃できなかったことは今はできるようになりましたか。

例　・私は子供の頃に刺身が食べられませんでしたが、今は食べられるようになりました。

　　・子供の頃、ギターが弾けませんでした。中学生のときに少し練習しましたが、全部忘れてしまって今は全然弾けません。

3 どこで何ができますか。

例　・コンビニで交通カードにお金をチャージできます。

　　・パゴダで日本語が習えます。

4 「見える」「聞こえる」使って、作文をして話してみましょう。

例　・私の部屋の窓から、ソウルタワーが見えます。

　　・マンションの上の階から、足音が聞こえて、毎日うるさいです。

5 あなたが普段注意していることについて、「～ように」「～ないように」を使って話してください。

例　・毎朝早く起きられるように、夜早く寝ます。

　　・勉強した単語を忘れないように、家で復習しています。

アクティビティ

私自慢〜!

A ➡ 「私は〜ができます (可能形) すごいでしょう?」を使って、できることを自慢しましょう。

B ➡ 聞いた人は、「すごいですね!」「素敵ですね!」「かっこいいですね!」などの言葉を使ってほめたり、拍手をしたりしましょう。

「え?それ自慢?」と思ったときはAさんに質問をしましょう。

例 A 私はピアノが弾けます。ピアノコンクールで優勝したことがあります!すごいでしょう?

B すごいですね!一番好きな曲は何ですか。

例 A 私は朝から夜まで24時間寝られます!すごいでしょう?

B え?それは自慢ですか?

A はい!自慢です!

B ４２時間寝られますか?

A それはちょっと…。

え?嘘?本当?

❶ 自分ができることや経験したことを紹介しながら、1つだけわざと嘘を入れて発表してください。

❷ 聞いたクラスメイトは本当のことと、嘘のことはどれだと思うか、当ててください。(発表者にいろいろ質問をしてもいいです)

❸ 最後に嘘を発表してください。嘘を一番多く見破れた人が勝ちです!

〜私のできること〜

❶	
❷	
❸	

例 ❶ 私はサンバが踊れます。

❷ 私はフランス語が話せます。

❸ 私は日本語で歌が歌えます。

➡ 嘘は❶番です!

Memo

09 あのお相撲さんが勝ちそうです。

ポイント
1 〜そうだ＜様態＞ 2 〜ようだ
3 〜みたいだ 4 〜らしい＜典型＞

話してみましょう

1 どんなスポーツが好きですか。

2 スポーツの試合を見に行ったことがありますか。

読みましょう

<相撲観戦前>

佐　藤　相撲のルールを知っていますか。

ス　ジ　確かあの丸い線から体が出たら、負けなんですよね。

佐　藤　そうです。手や足が土俵から出てはいけません。
　　　　それから、蹴ったり、殴ったりしてもいけません。

ス　ジ　それも、だめなんですね。

佐　藤　あ、そろそろ始まりそうです。

ス　ジ　ワクワクします。

佐　藤　右のお相撲さんは体が大きくてお相撲さんらしい体格をしていますね。
　　　　反対に左のお相撲さんは小柄ですね。

ス　ジ　私の予想では右の人が勝ちそうです。

佐　藤　それはわかりませんよ。体の大きさだけでは勝てませんよ。

<数分後>

ス　ジ　私の予想通り、大きい人が勝ちましたね。
　　　　あれ？相手の力士、転んだまま起きませんね。

佐　藤　どうやら、ケガをしたみたいですね。

ス　ジ　痛そうですね。骨が折れていないといいんですが…。

🎧 mp3

単語

お相撲さん スモ 선수 ｜ 勝つ 이기다 ｜ 観戦 관전 ｜ 確か 분명히 ｜ 丸い 둥글다 ｜ 線 선 ｜
負け 패배 ｜ 土俵 씨름판 ｜ 蹴る 차다 ｜ 殴る 때리다 ｜ そろそろ 슬슬 ｜ 体格 체격 ｜
小柄 몸집이 작음 ｜ 予想通り 예상대로 ｜ 力士 스모 선수 ｜ どうやら 아무래도

チェックポイント

1 (V：ます形、いA：〜い、なA：〜だ) そうだ＜様態＞

否定 V：〜そうに (も) ない、いA：〜くなさそうだ、なA：〜じゃなさそうだ

例外 いい ⇒ よさそうだ　　　ない ⇒ なさそうだ

- **A** 新しい部長は優しそうですね。

  B そうですか。優しくなさそうに見えますよ。

- この刺身は新鮮そうですね。

- 空が曇っていますね。今にも雨が降りそうです。

- **A** 明日までにレポートが書けそうですか。

  B 難しくて書けそうに(も)ありません。

2 (V・いAの普通形、なA：〜な、N：の) ようだ

- 田中さん、泣いていますね。失恋したようですね。

- いつも店の前に人が並んでいますね。この店の料理はおいしいようですね。

- 魚を全然、食べませんね。魚が苦手なようですね。

- **A** 昨日のお見合いはどうでしたか。

  B 相手がずっと質問ばかりしてきたので、まるで面接のようでした。

3 (V・いAの普通形、なA：〜だ N) みたいだ

- おいしそうなにおいがしますね。どこかの家で夕飯を作っているみたいですね。

- 授業中、みんなが大笑いしていますね。先生の話がおもしろいみたいですね。

- 木村さんはずっとケータイを触っていますね。退屈みたいですね。

- マスクをしてサングラスをかけているので、まるで芸能人みたいです。

4 (N) らしい＜典型＞

- 今日は少し涼しくて、秋らしい天気ですね。

- 朝からずっと黙っていますね。スジさんらしくないですね。

- 海外出張に行くときは、日本らしいお土産を持って行きます。

- キムさんは責任感があって、大人らしい人ですね。

単語

新鮮(しんせん)だ 신선하다 ｜ 曇(くも)る 흐리다, 흐려지다 ｜ 今(いま)にも 금방이라도, 이제 곧 ｜ 失恋(しつれん)する 실연당하다 ｜

お見合(みあ)い 맞선 ｜ 面接(めんせつ) 면접 ｜ 大笑(おおわら)いする 크게 웃다, 박장대소하다 ｜ 触(さわ)る 만지다 ｜

退屈(たいくつ)だ 지루하다, 심심하다 ｜ 黙(だま)る 말하지 않다, 잠자코 있다 ｜ 責任感(せきにんかん) 책임감 ｜ 今回(こんかい) 이번, 다음 번 ｜

緊張(きんちょう)する 긴장하다 ｜ 受(う)かる 합격되다 ｜ 間(ま)に合(あ)う 시간에 맞추다 ｜ 道(みち)が混(こ)む 길이 붐비다, 막히다 ｜

昇進(しょうしん)する 승진하다 ｜ そっくりだ 쏙 빼닮다 ｜ 双子(ふたご) 쌍둥이 ｜ 治(なお)る 낫다, 치료되다 ｜ 印象(いんしょう) 인상 ｜

赤(あか)ちゃん 아기 ｜ 正直(しょうじき) 정직, 솔직히 ｜ 憧(あこが)れる 동경하다 ｜ 条件(じょうけん) 조건 ｜ セレブ 유명인(celebrity), 명품족 ｜

宝(たから)くじに当(あ)たる 복권에 당첨되다 ｜ クビになる 잘리다, 해고되다

mp3

😊 🗏 練習しましょう

1 絵を見て「そうだ」を使って話しましょう。

例 A あの時計、高そうです。
　　B そうですか。高くなさそうですよ。

① あの料理

② 田中さん

③ あの人

④ この本

⑤ 彼

⑥ 彼女

⑦ 今回の試験

⑧ あのお客さん

2 「そうだ」「そうに(も)ない」を使って話しましょう。

例 A この料理、全部食べられますか。（食べられる）
　　B ずいぶん多いですね。一人で全部食べられそうにもありません。

① A 会議はいつ終わりますか。（終わる）
　 B そうですね。あと30分ぐらいで　　　　　　　　　　　　　　。

② A 緊張していませんか。大丈夫ですか。（緊張する）
　 B 今は大丈夫ですが、ステージに立ったら　　　　　　　　　　　　　。

③ A この本の漢字が読めますか。（読める）
　 B 一年間漢字を勉強しましたけど、まだ　　　　　　　　　　　　。

④ A 12月の日本語の試験には受かると思いますか。（受かる）
　 B 一生懸命、勉強したので　　　　　　　　　　　　　　。

⑤ A 待ち合わせは3時ですけど、間に合いますか。（間に合う）
　 B 今、道が混んでいるので　　　　　　　　　　　　　。

3

Aさんの話を聞いて「みたいだ」を使って話しましょう。

例　**A** 傘を持っている人がいますね。
　　B そうですね。今日は雨が降るみたいですね。

❶ **A** 子供が泣いていますね。　　　　　➡ **B** ＿＿＿＿＿＿＿＿＿＿＿＿＿＿。

❷ **A** 彼女が電話に出ません。　　　　　➡ **B** ＿＿＿＿＿＿＿＿＿＿＿＿＿＿。

❸ **A** 山田さんの顔が赤いですね。　　　➡ **B** ＿＿＿＿＿＿＿＿＿＿＿＿＿＿。

❹ **A** チェさん、元気がなさそうですね。　➡ **B** ＿＿＿＿＿＿＿＿＿＿＿＿＿＿。

❺ **A** 田中さんの部屋の電気が消えていますね。➡ **B** ＿＿＿＿＿＿＿＿＿＿＿＿＿＿。

4

下の中から一つ選びましょう。

例　中山さんは昇進をして、　ⓐ **うれしそうな**　顔をしていますね。
　　ⓐ うれしそうな　　　ⓑ うれしいような　　　ⓒ うれしいみたいな

❶ キムさんとキムさんのお姉さんは顔がそっくりで、まるで双子＿＿＿＿です。
　ⓐ そう　　　　　　　ⓑ のよう　　　　　　　ⓒ のみたい

❷ このお酒はずいぶん古いものの＿＿＿＿ですから、きっと高かったと思います。
　ⓐ そう　　　　　　　ⓑ よう　　　　　　　　ⓒ みたい

❸ 昨日から喉が痛くて、風邪を＿＿＿＿です。
　ⓐ 引いたそう　　　　ⓑ 引くよう　　　　　　ⓒ 引いたみたい

❹ **患者**　来月サッカーの試合があるんですが、足のケガは早く＿＿＿＿ですか。
　医者　そうですね。無理しなければ大丈夫だと思いますよ。
　ⓐ 治りそう　　　　　ⓑ 治ったよう　　　　　ⓒ 治るみたい

❺ あの子供は一人でなんでもできるので、大人＿＿＿＿です。
　ⓐ そう　　　　　　　ⓑ みたい　　　　　　　ⓒ らしい

❻ 隣の教室がうるさいですね。パーティーを＿＿＿＿ですね。
　ⓐ しそう　　　　　　ⓑ するみたい　　　　　ⓒ しているよう

フリートーキング

1 有名人や芸能人の印象について、「そうだ」「そうに(も)ない」を使って話してみましょう。

> 例 野球選手の〇〇さんは、試合後のインタビューでいつも笑っているので性格がよさそうです。

2 あなたや周りの人が「まるで〇〇みたい」ということについて話しましょう。

> 例 私の友達のあゆさんは気分がいいとかわいく話すので、まるで赤ちゃんみたいです。正直、やめてほしいと思っています。

3 どんな人に憧れていますか。「みたい」を使って話しましょう。

> 例 私は歌うのが苦手なので、歌が上手な人に憧れます。特にベテラン歌手の〇〇さんみたいに歌が上手な人になりたいです。

4 あなたが思う〇〇らしい人、〇〇らしくない人の条件を話してください。

❶ 大人らしい人　　　　　　　　❷ 子供らしくない子供

❸ セレブらしい人　　　　　　　❹ [自由]

5 私らしいと思うことについて話しましょう。

> 例 私は忘れやすい性格です。昨日もスマホを電車に忘れてきました。とてもショックでしたが、私らしいと思いました。

アクティビティ

ジェスチャーゲーム

✅ クラスメイトのジェスチャーを見て「そうだ」を使って話しましょう。そして、その理由も
考えてみましょう。

A （悲しそうなジェスチャーをする）

B 悲しそうですね。

A はい。（振られたジェスチャー）

B 振られたんですか。

A はい、そうなんです。

例 悲しい／振られた

✂ コピーして切って使ってください。

うれしい／宝くじに当たった	寒い／風邪を引いた
忙しい／仕事が多すぎる	気持ちが悪い／お酒を飲みすぎた
眠い／話がおもしろくない	悲しい／会社をクビになった
お腹が痛い／食べすぎた	／

10 新しい趣味を始めようと思っています。

ポイント

① 意志形　② 意志形+と思っている　③ ～つもり／～予定
④ 意志形+とする　⑤ 意志形+ようか

話してみましょう

1 週末はどのように過ごしていますか。

2 これから挑戦したいことや、今後の将来の目標や計画がありますか。

読みましょう

スジ　まさきさん、インターネットで何を探しているんですか。

まさき　今週末に友達とサーフィンに行こうと思って、今どこの海に行こうか見ています。

スジ　まさきさん、サーフィンをするんですね。かっこいいですね。

まさき　最近始めたばかりなので、まだまだ下手ですけど、おもしろいですよ。
夏が終わるまで、週末は毎週海に行って練習するつもりです。

スジ　私も何か新しい趣味を始めようと思っているんですが、何を始めようか悩んでいます。

まさき　そうなんですね。スジさんは、今週末何をする予定ですか。

スジ　友達とミュージカルを見に行こうと思って、チケットを予約しようとしたんですが、すぐに完売してしまって。予定がなくなってしまいました。

まさき　よかったら、一緒にサーフィンに行きませんか。新しい趣味としてサーフィンをするのはどうですか。

スジ　私泳げないんですが、サーフィンをしても大丈夫でしょうか。

まさき　ボードがあるので大丈夫だと思いますが、泳げた方が安全ですね。

スジ　そうですよね。では、まず水泳から習ってみようと思います。

単語

始める 시작하다　｜　過ごす (시간을) 보내다　｜　挑戦する 도전하다　｜　目標 목표　｜
サーフィン 서핑(surfing), 파도타기　｜　完売する 완판되다, 매진되다　｜　安全 안전

1 意志形

◆ **動詞　意志形の作り方** ◆

1グループ （お段+う）	聞く→聞こう	話す→話そう
	読む→読もう	会う→会おう
2グループ （る+よう）	食べる→食べよう	見る→見よう
	着る→着よう	寝る→寝よう
3グループ	来る→来よう	する→しよう

- 今年の夏休みは日本に行こう。
- 明日から朝6時に起きよう。
- 来週テストがあるから、今週末は図書館で勉強しよう。

2 （意志形）と思っている／と思う

- 今年の冬は、北海道に行こうと思っています。
- 大学を卒業したら、外国で働こうと思っています。
- 今日は母の誕生日なので、帰りにケーキを買って帰ろうと思います。

3 （V基本形・ない形）つもり
（V：基本形、N：〜の）予定

- 明日、彼女にプロポーズするつもりです。
- 今日から甘い物は食べないつもりだったんですが、お菓子を食べてしまいました。
- 来月、大阪に引っ越す予定です。
- この飛行機は午後7時に東京に到着の予定です。

◆ 「つもり」と「予定」 ◆

• 私は今年結婚するつもりです。（意志はあるが、未定）

• 私は今年結婚する予定です。（スケジュールが決まっている。意志はない）

4 （意志形）とする

• 赤ちゃんが立とうとしています。

• バスに乗ろうとしたとき、財布を忘れたことに気がついて、家に取りに戻りました。

• コピーをしようとしましたが、コピー機が壊れていてできませんでした。

5 （意志形）ようか

• 今週末は何をしようか考えています。

• 会社を辞めて転職しようと思っているが、いつ会社を辞めようか悩んでいます。

• 今年の夏休みは友達と海に行くことにしましたが、どこの海に行こうか迷っています。

🎧 mp3

単語

到着 도착 | 転職 이직 | 浴衣 유카타(일본의 전통 의상) | 編む 뜨다, 짜다 | 歯医者 치과 의사 |

虫歯 충치 | 治療 치료 | 来日 내일(외국인이 일본에 옴) | 出迎え 마중 | 帰国 귀국 | 見送り 배웅 |

休暇 휴가 | 日帰り 당일치기 | 世界一周 세계 일주 | 延期 연기 | 残る 남다 | 壁 벽 |

落書き 낙서 | 未成年 미성년 | 渡る 건너다 | 貼る 붙이다 | 迷惑だ 민폐이다 |

売り切れる 품절/매진되다 | 仲間 동료

😊 🗩 練習しましょう

1 絵を見て「〜(よ)うと思っている」「〜つもり」を使って話しましょう。

> 例 **春** 公園で桜を見る
> 春には公園で桜を見ようと思っています。
> 春には公園で桜を見るつもりです。

春

① ピクニックをする

② 山に登る

③ 新しい趣味を始める

夏

④ ビアガーデンでビールを飲む

⑤ 海で泳ぐ

⑥ 浴衣を着る

秋

⑦ 紅葉を見に行く

⑧ おいしい食べ物を食べる

⑨ 本を読む

冬

⑩ 雪だるまを作る

⑪ 宝くじを買う

⑫ セーターを編む

2 手帳を見て「〜予定」を使ってスケジュールを話しましょう。

例 4月17日水曜日は、パク社長が来日するので、午前10時に空港に出迎えに行く予定です。

4月

月	火	水	木	金	土	日
1	2 韓国語の授業 PM6:00 ~7:00	3	4 歯医者で虫歯治療	5	6 中村さんとキムさんの結婚式	7
8	9 韓国語の授業 PM6:00 ~7:00	10 給料日 友達と飲み会	11	12	13	14
15	16 韓国語の授業 PM6:00 ~7:00	17 パク社長来日 空港出迎え AM10:00	18	19 パク社長帰国 空港見送り PM 3:00	20	21 韓国語能力試験
22	23	24 出張 おおさか（大阪）	25 出張 おおさか（大阪）	26 休暇	27 友達と日帰り旅行	28
29	30					

---

3 「予定」「つもり」のうち、適切な方を選びましょう。

❶ 飛行機は5時半に仁川空港に着く [予定 ・ つもり] です。

❷ 弟は大学を卒業したら、世界一周旅行に行く [予定 ・ つもり] だそうです。

❸ 12月までに必ず単語を500個覚える [予定 ・ つもり] です。

❹ 夏休みに日本人の友達が韓国に来る [予定 ・ つもり] なので、とても楽しみです。

❺ お酒が好きなパクさんは、体調が悪くても飲み会に出席する [予定 ・ つもり] だそうです。

❻ 土曜日に行われる [予定 ・ つもり] だった花火大会は雨のため延期になりました。

❼ 私はJLPT1級に合格するまでずっと日本語を勉強する [予定 ・ つもり] です。

❽ 授業の後にパーティーがある [予定 ・ つもり] なので、みなさん帰らないで教室に残っていてください。

4 Aさんは絵を見て「〜(よ)うとする」を使って話しましょう。
Bさんは**理由**を参考にしてアドバイスしてください。

例 男の子が本棚の上の本を取る（危ないです）
　A　あ、男の子が本棚の上の本を**取ろう**としています。
　B　そうですね。危ないですから注意した方がいいですね。

❶ 学生がお弁当を食べる（まだ昼休みじゃない）

❷ 子供が壁に落書きをする（人の家の壁です）

❸ 高校生がタバコを吸う（未成年です）

❹ 子供が横断歩道を渡る（赤信号です）

❺ 写真を撮る（美術館です）

❻ 男の人が壁にポスターを貼る（迷惑です）

❼ 電話に出る（映画館です）

❽ 音楽を聞く（赤ちゃんが寝ています）

フリートーキング

1 春・夏・秋・冬に何をしようと思っていますか。「〜(よ)う」を使って話してください。

 例 春には、汝矣島（ヨイド）に桜を見に行こうと思っています。

 例 夏には、海雲台（ヘウンデ）で海水浴をしようと思っています。

  秋には、…

  冬には、…

2 時間があればしようと思っていることには何がありますか。

 例 時間があれば、一度料理を習ってみようと思っています。

3 あなたの将来の計画について、「〜つもりです」「〜(よ)うと思う」を使って話してください。

 例 私は大学を卒業したら、日本の大学院に行くつもりです。そして、卒業後には日本で就職しようと思っています。

4 「〜予定です」を使って今月のスケジュールを話してください。

 例 今月15日は父の誕生日なので、家族みんなで集まって食事をする予定です。

5 しようとしたけど、できなかったことには何がありますか。

 例 好きなアイドルのコンサートに行きたくてチケットを買おうとしましたが、売り切れていて買えませんでした。

6 あなたの今の悩みについて、「〜(よ)うか」を使って話してください。

 例 今の会社を辞めようか、悩んでいます。

仲間を集めよう！

☑️ **クラスメイトに休みの予定を聞いて、仲間を探しましょう！**

❶ 下の行動の中から休みにすることを二つ選んで、メモをしてください。

❷ 会話例のように、クラスメイトに質問をしたり誘ったりして、一緒にする仲間を探します。そのときに、会う時間や、場所も決めてください。したくないことや、行きたくない場所の場合、断ってもいいです。

❸ 仲間が探せたら、発表例のように、今度の日曜日の予定を発表してください。

日曜日にすること（行動）

・映画を見る	・カフェでデザートを食べる
・勉強する	・デパートで服を買う
・カラオケで歌う	・山に登る
・ゲームをする	・サッカーをする
・コンサートを見に行く	・自転車に乗る
・朝までお酒を飲む	・[自由]

◇ 会話例

❶ A 日曜日に何をする予定ですか。

　B 今週の日曜日は映画を見ようと思っています。

　A 私も映画を見ようと思っているんですが、一緒に行きませんか。

　B いいですね。行きましょう。

　A じゃあ、1時にカンナム駅で会いませんか。

　B いいですよ。

❷ A 日曜日に山登りをしようと思うんですが、Bさんも一緒に行きませんか。

　B 私は日曜日は家でゆっくり休むつもりなので…。

　A そうですか。じゃあ、今度一緒に行きましょう。

◇ 発表例

私は今度の日曜日にBさんと映画を見に行く予定です。

1時にカンナム駅で会う予定です。

11 混ぜると、もっとおいしくなりますよ。

ポイント
① ～たら ② ～ても
③ ～と ④ ～まま

話してみましょう

1 あなたが混ぜて食べる料理には何がありますか。

2 人によって食べ方が違うものがありますか。

読みましょう

スジ　カレーを混ぜて食べるんですか。

まさき　はい。混ぜると、もっとおいしくなりますよ。

スジ　ひょっとして日本では混ぜて食べるのが当たり前ですか。

まさき　いいえ、混ぜる人もいるし、混ぜない人もいます。私は混ぜる派ですが。

スジ　カレーを混ぜないでそのまま食べたら、お皿が汚れなくていいですよ。

まさき　それはそうですね。
　　　　でも、カレーとご飯を混ぜたら、ご飯がやわらかくなっておいしいんです。

スジ　そうなんですか。どんな味か気になります。

まさき　韓国は混ぜる文化だと聞いたことがありますが、どうですか。

スジ　ビビンバとジャージャー麺は必ず混ぜるし、それからかき氷を混ぜて食べる人もいますね。

まさき　かき氷ですか。韓国のは果物やおもち、アイスクリームなどがトッピングされていますけど…。

スジ　よく知っていますね。かき氷は混ぜるとおいしくなりますよ。

まさき　想像できませんが、一度挑戦してみたいです。

スジ　混ぜても混ぜなくても、自分がおいしいと思う食べ方が一番いいですね。

単語

混ぜる 섞다 ｜ 違う 다르다 ｜ ひょっとして 혹시 ｜

派 –파(어떤 생각/행동의 특성을 가진 사람들을 뜻하는 접미사) ｜ やわらかい 부드럽다 ｜ 味 맛 ｜

気になる 신경 쓰이다, 궁금하다 ｜ かき氷 카키고리(일본식 빙수) ｜

トッピングする 토핑(요리 위에 재료를 얹거나 장식)하다 ｜ 想像する 상상하다

チェックポイント

1　(V・いA・なA・Nのた形) たら

- 授業が終わったら、すぐに家に帰るつもりです。
- <歯医者で>痛かったら、手を挙げてください。
- 一人で片付けるのが大変だったら、手伝いますよ。
- もし私が作家だったら、小説を書いてみたいです。

2　(V・いA・なA・Nのて形) ても

- 明日、雨が降ってもキャンプに行きたいです。
- どんなにかわいくても、わがままな人は嫌です。
- 面倒でも、毎日日記を書いています。
- 着ている服がいくら高いものでも、似合っていなければ意味がない。

3　(V・いA・なAの基本形、N：〜だ) と

- ここをまっすぐ行くと、郵便局が見えます。
- 本が厚いと、読みたくなくなります。
- 話し方が丁寧だと、印象がいいです。
- 大企業だと、入るのが難しいです。

◆ 「〜たら」と「〜と」 ◆

• 春になったら、花見に行こう。

 春になると、桜が咲きます。

• 仕事が終わったら、休みたいです。

 仕事が終わると、疲れて何もできません。

Aのとき ⎡ 自然に ⎤ Bになる
　　　　 ⎣ 必然的に ⎦

ただし、Bが「意志・依頼・勧誘」のときは
「〜と」ではなく「〜たら」を使う。

4　(V：た形・ない形、いA：基本形、なA：〜な、N：の) まま

• 朝、電気をつけたまま家を出てしまいました。

• クーラーを消さないまま寝たら、風邪を引いてしまいます。

• 掃除をしないので部屋がずっと汚いままです。

• 数年前に買ったコートだが、着ていないのできれいなままだ。

• 久しぶりに会った彼は、あのときのままだった。

🎧 mp3

単語

片付ける 정리하다 | 作家 작가 | 小説 소설 | わがままだ 제멋대로다 | どんなに 아무리 |

面倒だ 귀찮다 | いくら 얼마 | 似合う 어울리다 | 厚い 두껍다 | 丁寧だ 정중하다, 공손하다 |

大企業 대기업 | 汚い 더럽다 | 数年前 수년 전, 몇 년 전 | 声をかける 말을 걸다 | 拾う 줍다 |

まずい 맛없다 | 魔法 마법 | 変だ 이상하다 | 一日中 하루 종일 | ボタンを押す 버튼을 누르다 |

生 생(날것) | コンタクトをつける 콘택트렌즈를 끼다 | 値札 가격표 | 主人公 주인공 |

願いが叶う 소원이 이루어지다 | 電話を取る 전화기를 들다(전화를 걸다/받다) | 焼肉屋さん 고깃집 |

進める 추진하다, 진행하다

練習しましょう

1 「〜たら」「〜ても」を使って話しましょう。

例 有名人に会う
A もし有名人に会ったら、どうしますか。
B 私は有名人に会ったら、一緒に写真を撮りたいです。
B 私は有名人に会っても、声をかけないと思います。

❶ 一万円を拾う

❷ 店の料理がまずい

❸ 一週間暇だ

❹ 先生の話が長い

❺ お金持ち

❻ 魔法が使える

❼ 道で昔の恋人に会う

❽ 友達の服が変だ

2 絵を見て「〜と」を使って話しましょう。

例 一日中、パソコンを見ます
一日中、パソコンを見ると目が疲れます。

❶ ボタンを押します

❷ 窓を開けます

❸ 冬になります

❹ 恥ずかしいです

❺ 人気者です

❻ ストレスが
溜まります

❼ 太ります

❽ 踊ります

3 「〜まま」を正しい形にして、話しましょう。

例 疲れていて、化粧を（する →　）したまま、寝ていた。

① 友達に本を（借りる →　）　　　　　　　まま、まだ返していませんでした。

② この料理は（生 →　）　　　　　　まま食べても大丈夫です。

③ 修理に出さなくて、カメラが（壊れる →　）　　　　　　ままだ。

④ A すみません。昨日、あいさつも（する →　）　　　　　　まま、帰ってしまいました。
　 B そんなの大丈夫ですよ。気にしないでください。

⑤ 飛行機のチケットが安くなると思ったが、まだ（高い →　）　　　　　　ままです。

⑥ A どうしたんですか。目がとても赤いですよ。
　 B 昨日、コンタクトを（つける →　）　　　　　　まま、寝たんです。

⑦ 子供から連絡が来ないから、（不安だ →　）　　　　　　まま時間を過ごしました。

4 絵を見て「〜まま」を使って話しましょう。

例 目を開けたまま寝ています。

フリートーキング

1 もしあなたが〇〇になったら、どんなことをしたいですか。

❶ 会社の社長　　　　❷ スポーツ選手　　　　❸ 世界一頭がいい人

❹ 映画の主人公　　　❺ 先生　　　　❻ [自由]

例　もし野球選手になったら、アメリカのメジャーリーグに挑戦したいです。そして、世界的に有名なピッチャーになりたいです。

2 もしなんでも願いが叶えられたら、どんなことをしてみたいですか。

例　どこにでも行けるドアがほしいです。そのドアを使って世界中を旅行したいです。宇宙にも行けます！

3 最近あなたが決めたことについて「〜ても」を使って話してください。

例　・毎朝、眠くても10分ぐらいはストレッチをしています。

　　・どんなに疲れているときでも、電話を取るときは明るく元気な声で取ります。

4 こんなとき、どんなことをすると気分がよくなりますか。

❶ 失敗して落ち込んだとき　　　　❷ 嫌なことを言われたとき

❸ ストレスが溜まったとき　　　　❹ 〇〇とき

5 あなたの失敗エピソードを「〜まま〜した」を使って話しましょう。

例　・焼肉屋さんで食事をした後、焼肉屋のエプロンをつけたまま店の外に出てしまいました。とても恥ずかしかったです。

　　・新入社員のとき、先輩に確認をしないまま仕事を進めました。ミスしている部分も多くて先輩に注意されました。

何歳になったらしてもいいと思う？

☑ クラスメイトに何歳になったらしてもいいか質問しましょう。そして、その理由も聞きましょう。

例 A 何歳になったら、友達と旅行に行ってもいいと思いますか。

B そうですね。18歳になったら、行ってもいいと思います。

A どうしてそう思いますか。

B 18歳は大人だと思いますから。

例 友達と旅行に行く	18歳	もう大人だと思うから
❶ スマホを持たせる	＿＿歳	
❷ 一人で海外旅行に行く	＿＿歳	
❸ ひとり暮らしを始める	＿＿歳	
❹ バイトを始める	＿＿歳	
❺ 仕事を辞める	＿＿歳	
❻ 自由	＿＿歳	

12 毎日運動すればいいですよ。

ポイント

① ば形　　② ～ば～ほど
③ ～ばよかった　④ ～たところ

話してみましょう

1 今までにダイエットや運動をしたことがありますか。

2 おすすめのダイエット方法や運動があれば紹介してください。

読みましょう

まさき　スジさん、体調が悪そうですが、大丈夫ですか。

ス　ジ　はい…実は今ダイエット中で、3日間何も食べていないんです。

まさき　ダイエット中でも何か食べなければ、健康によくないですよ。

ス　ジ　最近食べすぎて7キロも太ってしまって。はあ、食べすぎなければよかった…。どうすればいいでしょうか。

まさき　運動はしていますか。毎日運動すればいいと思います。

ス　ジ　運動が大事だと思うんですが、体力がなくて。年を取れば取るほど、体力がなくなってきました。

まさき　運動しながらダイエットをすれば、体力もつくしもっといいと思いますよ。

ス　ジ　そうですね。これから運動も頑張ってみます。あ、なんだか少しくらくらします…。（倒れる）

まさき　スジさん、大丈夫ですか？スジさん！

＜数分後、休憩室で＞

まさき　スジさん、大丈夫ですか。ここは休憩室です。スジさんが急に倒れて、びっくりしましたよ。何も食べていなかったから、貧血を起こしたみたいです。

ス　ジ　すみません。

まさき　部長に話したところ、体調が悪ければ今日は早退をしてもいいと言っていました。家に帰って、ご飯をしっかり食べて休んでください。

単語　🎧 mp3

体調が悪い 컨디션이 나쁘다 ｜ 実は (사)실은 ｜ 年を取る 나이를 먹다 ｜ (体力が)つく (체력이) 붙다 ｜

くらくらする 어질어질하다 ｜ 休憩室 휴게실 ｜ 貧血を起こす 빈혈을 일으키다 ｜ 早退する 조퇴하다

チェックポイント

1 ば形

◆ ば形　作り方 ◆

動詞 （え段＋ば）	行く→行けば	読む→読めば
	食べる→食べれば	見る→見れば
	する→すれば	来る→来れば
い形容詞 （い＋ければ）	おいしい→おいしければ	
	注意 いい→よければ	
な形容詞 （な＋なら（ば））	きれいだ→きれいなら（ば）	
	便利だ→便利なら（ば）	
名詞 （名詞＋なら（ば））	学生→学生なら（ば）	
	日本人→日本人なら（ば）	

- 機会があれば、ヨーロッパへ行きたいです。
- 明日天気がよければサッカーをしますが、天気がよくなければ家で映画を見ます。
- 週末暇なら、映画を見に行きませんか。
- お酒はビールなら飲めますが、焼酎はあまり飲んだことがありません。

2 ～ば～ほど
（V・いA・なAのば形、N：であれ）ば＋
（V：基本形、いA：い、なA：だな、N：である）ほど

- 日本語は勉強すればするほど、難しくなります。
- お金が多ければ多いほど、安心します。
- 部屋はきれいならきれいなほど、いいです。
- 優秀な学生であれば優秀な学生であるほど、有名な大学に入りやすくなると思います。

3 　（V・いA・なA・Nのば形）ばよかった(のに)

- 高校生のとき、もっと一生懸命勉強すればよかった。
- ああ、頭が痛い。昨日お酒を飲みすぎなければよかった。
- 家から会社まで交通がもっと便利ならよかったのに。
- 両親がもっとお金持ちならよかったのに。

4 　（Vた形）たところ

- 近道だと思っていつもと違う道を行ったところ、道に迷ってしまった。
- ずっと好きだった人に告白したところ、相手も私のことが好きだったようで、付き合うことになりました。
- ケータイが壊れたので店に問い合わせてみたところ、修理に時間もかかるし、修理代も高いので、新しいケータイを買った方がいいと言われた。
- 父に連絡しようとしたところ、父から連絡が来てびっくりした。

単語 　　　　　　　　　　　　　　　　　　　　　　　　　　　　　　　🎧 mp3

機会 기회 ｜ 優秀だ 우수하다 ｜ 近道 지름길 ｜ 問い合わせる 문의하다 ｜ 修理代 수리비 ｜

蛇口 수도꼭지 ｜ 回す 돌리다 ｜ 許可 허가 ｜ 曲 곡 ｜ 欠席 결석 ｜

ヘッドハンティング 헤드 헌팅, 인재 스카우트 ｜ 後悔 후회 ｜ 手入れ 손질함, 관리 ｜

組み合わせる 맞추다, 조합하다

練習しましょう

1 「〜ば」「〜なら」を使って会話で練習しましょう。

例 A すみません。水が出ないんですが。
　B この蛇口を （右へ回す →) 右へ回せば、水が出ます。

① A 今度の日曜日に、映画を見に行きませんか。
　B 課題が （終わる →) 　　　　　　　　　、行きます。

② A 田舎の生活はどうですか。
　B 静かで空気もいいですが、（交通が便利だ →) 　　　　　　　　　　　、もっと住みやすくなると思います。

③ A 明日は何をする予定ですか。
　B 明日は （天気がいい →) 　　　　　　　　　　　、ピクニックをしようと思っています。

④ A ここで写真を撮ってもいいですか。
　B いいえ、（許可がない →) 　　　　　　　　　　、ここでは写真を撮ってはいけません。

⑤ A Bさんはギターが弾けますか。
　B （簡単な曲 →) 　　　　　　　　　、弾けます。

⑥ A 電車の中に忘れ物をしたんですが、（どうする →) 　　　　　　　　　、いいですか。
　B 駅に （電話をかける →) 　　　　　　　　　、いいですよ。

2 「〜なら」を使ってアドバイスをしてみましょう。

例 温泉に行く
　A 最近疲れているので、温泉に行きたいんですが…。
　B 温泉なら、別府がおすすめです。景色もきれいですよ。

① 新しいパソコンを買う　　② 外国語を習う　　③ おいしいパンを食べる

④ 韓国の映画を見る　　⑤ スキー・スノーボードをする　　⑥ [自由]

3 「～ば～ほど」を使って話しましょう。

例 お酒・飲む／強くなる
お酒は飲めば飲むほど強くなると思います。

1 年・取る／疲れやすくなる   2 給料・高い／いい

3 野菜・新鮮だ／おいしい   4 恋人・仲がいい／幸せだ

5 外国語・話す／上手になる   6 芸能人・人気である／仕事が増える

4 「～ばよかった」を使って話しましょう。

例 頭が痛いです。 ➡ 昨日、お酒を飲まなければよかった。

1 遅刻しそうです。 ➡

2 テストの結果が悪かったです。 ➡

3 雨が降っています。 ➡

4 友達・恋人とケンカをしてしまいました。 ➡

5 お腹が痛いです。 ➡

6 好きな人に恋人ができました。 ➡

練習しましょう

5 「〜たところ」を使って作文をしてみましょう。

例 お腹が痛くて、病院に行ったところ、何も問題はないと言われた。

❶ コンビニの新商品を食べてみたところ、
　　　　　　　　　　　　　　　　　　　　　　　　　　　　　　　　　　。

❷ 田中さんが欠席だったので、電話をしたところ、
　　　　　　　　　　　　　　　　　　　　　　　　　　　　　　　　　　。

❸ 　　　　　　　　　　　　　　について、　　　　　　　　　　　　に相談したところ、
　　　　　　　　　　　　　　　　　　　　　　　　　　　　　てくれました。

❹ 　　　　　　　　　　　　　　ので、　　　　　　　　　　　　に問い合わせたところ、
　　　　　　　　　　　　　　　　　　　　　　　　　　　　　　　　　　。

フリートーキング

1 あなたならどうするか、「〜ば／なら」を使って話しましょう。

❶ 今会社で働いていますが、ヘッドハンティングをされました。
あなたはどんな条件なら、その会社に行きますか。

例 今の会社より、給料が高ければその会社に行きます。

❷ 知らない人に「財布を落としてしまったので、家に帰るお金がないんです。お金を貸してください。」と言われました。あなたなら、貸しますか。

例 1万ウォンなら、貸します。

2 「〜ば／なら」を使ってアドバイスをしてみましょう。

以下のような悩みがある人がいます。どうすればいいと思いますか。

　Aさんの悩み

私は日本語の聞き取りが苦手です。どうすればいいですか。

➡ 例 日本のドラマ見て、日本語をたくさん聞けば、日本語の聞き取りができるようになると思います。

　Bさんの悩み

運動をしていますが、なかなかやせません。どうすればいいですか。

➡ 例 ＿＿＿＿＿＿＿＿＿＿＿＿＿＿＿＿＿＿＿ばいいと思います。

3 あなたが「〜ば〜ほど…だ」と思うことを話してください。

例 ・何でも練習すればするほど上手になると思います。

・家の近くが静かなら静かなほど住みやすいと思います。

4 あなたが後悔していることについて、「〜ばよかった」を使って話してください。

例 ・大学時代にもっと海外旅行に行けばよかったと思います。

・若いときに、肌の手入れをきちんとしておけばよかった。

アクティビティ

～ば～ほど、いいもの、いいことは？

☑ ～ば～ほど、いいもの・いいことをたくさん探してみましょう！

多ければ多いほどいいもの・いいこと	少なければ少ないほどいいもの・いいこと
高ければ高いほどいいもの・いいこと	きれいならきれいなほどいいもの・いいこと

韓国について紹介してみよう！

❶ 「～ば／なら」を使って、一人一つずつ韓国について説明をしてみましょう。

  例 韓国では、春になれば桜が咲きます。ソウルで桜を見たければ、汝矣島（ヨイド）に行ってみてください。きれいな桜がたくさん見られます。

  例 南山（ナムサン）に登れば、きれいな夜景が見られます。

  例 全州（チョンジュ）に行けば、おいしい食べ物がたくさん食べられます。

❷ 最後にみんなで文を組み合わせたり、まとめて発表してください。

  例 〇〇さんと〇〇さんはソウルで桜を見たければ、汝矣島（ヨイド）がいいと話しました。

  でも汝矣島は人が多すぎるので、私は南山（ナムサン）公園がいいと思うと話しました。

Memo

13 よく猫に いたずらをされるんです。

ポイント

① 受け身　　② 迷惑の受け身／無生物主語の受け身
③ 〜てばかり　　④ 〜ところ

話してみましょう

1 ペットを飼ったことがありますか。

2 ペットを飼うことの大変さ、いいところは何だと思いますか。

読みましょう

田　中　ひょっとしてシャツが破れていませんか。

まさき　あ、本当ですね。気が付きませんでした。少し破れていますね。
　　　　うちの猫を抱っこしているときにやられたかもしれません。

田　中　よく猫にいたずらをされるんですか。

まさき　前はメガネを落とされたし、最近はスマホを壊されたし、昨日は寝ている
　　　　ときにベッドに入られてよく眠れませんでした。

田　中　まさきさんのことが大好きみたいですね。
　　　　うちの犬も、だいぶやんちゃですよ。

まさき　犬のいたずらはもっとすごそうですね。どんなことをされましたか。

田　中　家中の家具が噛まれました。クッションとソファーはいつも噛まれてばか
　　　　りで、掃除するのも大変です。

まさき　子犬のときは家にあるいろいろなものが噛まれるって聞いたことがあります。

田　中　そうなんですよ。今、家族でしつけをしているところなんですが、まだ時間
　　　　がかかりそうです。昨日は留守中に大きな声で鳴かれたし。

まさき　子犬や子猫のときのしつけって、簡単じゃないですよね。
　　　　でも、もう少しすれば落ち着くと思いますよ。

単語

いたずら 장난 ｜ 破れる 찢어지다, 터지다 ｜ 気が付く 알아차리다 ｜ 抱っこ 안음 ｜
やられる (피해를) 당하다 ｜ 眠る 자다 ｜ だいぶ 상당히, 꽤 ｜ やんちゃだ 응석꾸러기다, 개구쟁이다 ｜
すごい 대단하다 ｜ 家中 집 안 ｜ 家具 가구 ｜ 噛む 깨물다 ｜ しつけ 예의범절을 가르침, 훈육 ｜
留守 부재(중) ｜ 鳴く 울다, 짖다 ｜ 落ち着く 자리 잡다, 안정되다

13 よく猫にいたずらをされるんです。　**117**

チェックポイント

1　受け身

◆ 受身形 ◆

1グループ （あ段+れる）	書く→書かれる 呼ぶ→呼ばれる	言う→言われる 叱る→叱れる
2グループ （る+られる）	見る→見られる ほめる→ほめられる	食べる→食べられる 忘れる→忘れられる
3グループ	来る→来られる	する→される

- 旅行中、泥棒に財布とパスポートを盗まれて大変でした。
- ハイヒールを履いている人に足を踏まれて痛かったです。
- 上司に今日までに書類を出してほしいと頼まれました。
- 大学の先輩の結婚式に招待されました。今から楽しみです。

2　迷惑の受け身／無生物主語の受け身

- 深夜2時に友達に家に来られたので迷惑だった。
- この車は世界中で乗られている人気の車です。
- この建物は大統領によって建てられました。
- **A** 次のオリンピックはどこで開かれますか。

  B どこだったかな。調べてみます。

3 (Vて形) てばかり／てばかりいる

• 田中さんは彼氏と別れてから、泣いてばかりです。

• イライラしてばかりだと、健康に悪いですよ。

• 弟は野菜を食べないで、肉を食べてばかりいます。

• 授業をサボってばかりいると、単位をもらえませんよ。

注意 「N＋ばかり」もよく使われる。

• 娘は夏休みなので、アニメばかり見ています。

4 (Vた形・基本形・ている) ところ

• A 一緒にご飯を食べませんか。

　B すみません、少し前に食べたところです。今度、食べましょう。

• A すみません。(約束の時間に) 遅れてしまいました。

　B 大丈夫ですよ。さっき着いたところですから。

• 家にいます。今から、家を出るところです。

• A お母さん、お腹空いた。ご飯まだ？

　B 今作っているところだから、もう少し待って。

🎧 mp3

単語

イライラする 짜증 나다 ｜ 単位 학점 ｜ 間違う 틀리다, 헷갈리다 ｜ 詐欺に遭う 사기를 당하다 ｜
悪口を言う 욕을 하다 ｜ 騒ぐ 떠들다, 소란을 피우다 ｜ 名前をつける 이름을 짓다 ｜ 建てる 세우다 ｜
画家 화가 ｜ 売る 팔다 ｜ 商品 상품 ｜ 発売する 발매하다 ｜ くしゃみ 재채기 ｜ 割る 깨다 ｜
散らかす 어지르다 ｜ 怒る 화내다 ｜ ぶつける 부딪다, 들이받다 ｜ 頼む 부탁하다 ｜ 社内 사내, 회사 안 ｜
お使い 심부름 ｜ 迷子 미아 ｜ 絵文字 이모티콘 ｜ うんざりする 지긋지긋하다

練習しましょう

1

絵を見て受け身で話しましょう。

例 A 友達に約束を忘れられたことがありますか。
　　B はい、友達に忘れられて1時間も待ちました。
　　B いいえ、一度も忘れられたことがないです。

2

絵を見て受け身で話しましょう。

例 A 友達に悪口を言われて、気分が悪かったです。
　　B その人と友達をやめた方がいいですよ。

3

Aさんは「誰、いつ、どこ」を使って受け身で質問しましょう。

例 Bさんの名前・両親
A Bさんの名前は誰につけられましたか。
B 私の名前は両親につけられました。

❶ この建物・4年前

❷ ハングル・1443年

❸ その本・世界中の人

❹ この絵・有名な画家

❺ そのかばん・デパート

❻ その商品・来月

4

「〜てばかり」を使って話しましょう。

例 部長・くしゃみをする
部長はくしゃみをしてばかりいます。

❶ 木村さん・スマホを見る

❷ 弟・毎朝、寝坊する

❸ 妹・コップを割る

❹ 子供・部屋を散らかす

❺ 上田さん・会社で怒られる

❻ 私・車をぶつける

練習しましょう

5 「〜ところ」を使って次の会話を完成させましょう。

例 **A** 今日、一緒にご飯を食べませんか。
　　B すみません。さっき 食べた ところです。

---

❶ **A** さっき頼んだコピーは終わりましたか。
　　B すみません。ちょっと待ってください。 今、 ＿＿＿＿＿＿＿＿＿＿ ところです。

❷ **A** もしもし、今電話できますか。
　　B 今から ＿＿＿＿＿＿＿＿＿＿ ところです。あとで私が電話をかけます。

❸ **A** 今からそっちに遊びに行ってもいいですか。
　　B ちょうど今、 ＿＿＿＿＿＿＿＿＿＿ ところで…。

❹ **A** あれ?部長は帰りましたか。
　　B 先程、 ＿＿＿＿＿＿ ところなので、まだ社内にいると思いますよ。

❺ **A** 今、何をしていますか。
　　B 課題が多いので、 ＿＿＿＿＿＿＿＿＿＿ ところです。

❻ **A** 大きな荷物を持ってどこに行くんですか。
　　B ちょうど今から、 ＿＿＿＿＿＿＿＿＿＿ ところなんです。

フリートーキング

1 受け身を使って話しましょう。

❶ 子供のとき、ほめられたエピソード

例 初めてお使いに行ったとき、頼まれたものを全部は買えませんでしたが、家に帰ったらとてもほめられました。

❷ 子供のとき、叱られたエピソード

例 ひとつ下の弟がいるんですが、子供の頃はよくケンカをして弟を泣かせました。そのときは母に叱られました。

❸ あなたの「○○られた」エピソード

例 家族でデパートに行ったとき、迷子になりました。それでアナウンスで名前を呼ばれました。そのときは中学生だったので、とても恥ずかしかったです。

❹ 世界中で使われている、愛されているものについて話しましょう。

例 ・ 絵文字は世界中の人によく使われていると聞きました。メールを送るとき使われています。

・ キャラクターの○○は、世界中で愛されていると思います。私が子供のときから今までよく見るので、子供から大人にまで愛されています。

2 「〜てばかり」を使って誰かに持っている不満を話してください。

例 最近、友達に初めての彼氏ができました。うれしいのはわかりますが、いつも彼氏の自慢ばかりしていて、時々うんざりします。

アクティビティ

誰が一番早く言える？

✓ 下の日本語を受身形にかえて、❶〜⓯まで話しましょう。そして、かかった時間を下に
  書いてください。クラスの中で一番早く言えた人が優勝です。頑張りましょう。

例 私は父にマンガを（捨てる）ました。　➡　私は父にマンガを捨てられました。

❶ 私は部長に（叱る）ました。➡

❷ 母に豆腐を買ってきてと（頼む）ました。➡

❸ 犬に指を（噛む）ました。➡

❹ 山田さんの結婚式に（招待する）ました。➡

❺ 上田さんに映画に（誘う）ました。➡

❻ この建物は100年前に（建てる）ました。➡

❼ 夏になると花火祭りが（開く）ます。➡

❽ バターは牛乳から（作る）ます。➡

❾ 道で転んで（笑う）ました。➡

❿ 後ろの車に（ぶつける）たことがあります。➡

⓫ 泥棒に家に（入る）たことがあります。➡

⓬ このお酒は世界中に（輸出する）ています。➡

⓭ このカメラは若い人を中心に（使う）ています。➡

⓮ あの車は世界中の人に（乗る）ています。➡

⓯ この歌は若い人によく（知る）ています。➡

 分　秒

Memo

14

なるべく 早く帰らせています。

ポイント
1 使役　　2 使役受け身
3 〜させてもらう　　4 〜させてくれる

10:00 PM

話してみましょう

1 あなたは最近どんなことをさせられましたか。
例 上司に残業させられた、親に掃除をさせられたなど

2 あなたの家は門限がありますか(ありましたか)。

読みましょう

♪ mp3

まさき　今年は出張に 行かされたり 、 残業させられたり 、大変だったけど今日は仕事のことは忘れて思いっきり飲みましょう。

佐　藤　私も思いっきり飲みたいんですが、10時までに家に帰らなければならないので、そろそろ 失礼させていただきます 。

ス　ジ　門限ですか。

佐　藤　はい。両親がとても厳しくて。「今日だけ12時まで 遊ばせてください 」と頼んでみましたが、だめでした。

ス　ジ　怖い事も多いですから。ご両親も心配なんでしょうね。

まさき　うちの両親は私には無関心ですが、妹にはなるべく早く 帰らせて います。

佐　藤　まさきさんの妹さんにも門限があるんですか。

まさき　妹はまだ大学生なんですが、門限は佐藤さんと同じ10時です。
　　　　両親は門限の時間が少しでも過ぎると、ずっと妹に電話をかけて「いつ帰ってくるの?」と話しています。

佐　藤　うちも全く同じです。(電話の音)
　　　　あ、うわさをすれば母から電話が来ました。では、私はお先に失礼します。

まさき　スジさんのご両親も厳しいんですか。

ス　ジ　うちは子供の頃から今まで門限がありません。帰りが遅くなるときは、電話を一本かければいいです。私の両親は教育には厳しかったですが、それ以外のことは自由に させてくれました 。

♪ mp3

単語

門限 통금 (시간) ｜ 思いっきり 마음껏, 실컷 ｜ 無関心 무관심 ｜ 全く 완전히 ｜ うわさ 소문, 남의 이야기 ｜
教育 교육

チェックポイント

1 使役

◆ **動詞　使役形の作り方** ◆

1グループ（あ段＋せる）	読む→読ませる	歌う→歌わせる
	持つ→持たせる	直す→直させる
2グループ（る＋させる）	食べる→食べさせる	別れる→別れさせる
3グループ	する→させる	来る→来させる

- 部屋が汚いので、母は私に掃除をさせました。
- 全然勉強をしなくて成績が悪くなったので、母は私を塾に通わせました。
- もし子供がピアノを習いたいと言ったら、習わせます。
- 風邪が流行っているので子供たちに暖かい服を着させました。

2 使役受け身（～させられる）

◆ **動詞　使役受身形の作り方** ◆

1グループ（あ段＋される）	読む→読まされる	歌う→歌わされる
	持つ→持たされる	[注意] 直す→直させられる
2グループ（る＋させられる）	食べる→食べさせられる	別れる→別れさせられる
3グループ	する→させられる	来る→来させられる

- 私は母に家事を手伝わされました。
- 高校3年生のとき、先生に毎日英語の単語を覚えさせられました。
- 日曜日なのに、上司に会社に来させられました。
- 子供の頃、よくケンカをして兄に泣かされました。

3 (V使役形) させてもらう／させていただく

- その本、読ませてもらってもいいですか。
- ちょっと、お手洗いを使わせてもらえませんか。
- 具合が悪いので早退させていただきます。
- **A** 用事があるので、今日は早く帰らせていただきたいんですが…。

  B ええ、どうぞ。

4 (V使役形) させてくれる／させてくださる

- 子供の頃、私がピアノの習いたいと言ったら、母は私にピアノを習わせてくれました。
- うちの会社は何でもやりたいと言えば、させてくれるので、社員が成長できる会社だと思う。
- **キム** この前は田中さんがおごってくれましたから、今日の食事代は私に払わせてください。

  田中 そうですか。ありがとうございます。では、お願いします。
- その仕事、ぜひ私にやらせてください。

 単語   🎧 mp3

成績 성적 ｜ 流行る 유행하다 ｜ ～頃 때, 시절 ｜ お手洗い 화장실 ｜ 成長する 성장하다 ｜

おごる 한턱내다 ｜ 立つ 서다 ｜ 作文 작문, 글짓기 ｜ 反省文 반성문 ｜

チャレンジする 도전(challenge)하다 ｜ 大会 대회 ｜ 工事をする 공사를 하다 ｜ 休業する 휴업하다 ｜

課長 과장(님) ｜ プレゼンテーション 프레젠테이션, 발표/설명 ｜ 休暇を取る 휴가를 내다(얻다) ｜

最新型 최신형 ｜ ロボット 로봇

練習しましょう

1 使役を使って話しましょう。

例 先生・学生／立つ
先生は学生を立たせました。

❶ 私・妹／泣く

❷ 先生・学生／走る

❸ 部長・課長／会議に出席する

❹ 母・私／家事を手伝う

❺ 母・私／塾に通う

❻ 部長・課長／ファイルを持ってくる

❼ 先生・学生／作文を書く

❽ 母・私／部屋を片付ける

2 使役受け身を使って話しましょう。

例 子供のとき、お母さん・嫌いなものを食べる
A 子供のとき、お母さんに嫌いなものを食べさせられましたか。
B はい、（母に）嫌いなものを食べさせられました。
B いいえ、私の両親は厳しくなかったので、食べさせられませんでした。

❶ 両親・勉強する

❷ 母・家事を手伝う

❸ 先生・毎日漢字を覚える

❹ 先輩・お酒を飲む

❺ 先輩・歌を歌う

❻ 上司・出張に行く

❼ 上司・週末、会社に来る

❽ 先生・反省文を書く

練習しましょう

3 「使役＋ていただく」を使って話しましょう。

例 体調が悪い・休む

➡ 体調が悪いので、今日は休ませていただきます。

❶ 仕事が終わった・帰る

❷ 新しい仕事にチャレンジしたい・会社を辞める

❸ 台風が来る・スポーツ大会を延期する

❹ 工事をする・休業する

4 「使役＋てください」を使ってお願いをしてみましょう。

例 その仕事・する

➡ その仕事をぜひ私にさせてください。

❶ 11時まで・遊ぶ

❷ ソウル・案内する

❸ 彼女・結婚する

❹ 社長・会う

フリートーキング

1 「使役」を使って話しましょう。

❶ あなたが日本語の先生なら、学生にどんなことをさせますか。

例 日本語で作文を書かせたり、毎日単語を覚えさせたりします。

❷ あなたが親なら、子供にどんなことをさせたいですか(させたくないですか)。

例 子供がしたいことをさせたいです。そして、無理に勉強をさせたくないです。

2 「使役受け身」を使って話しましょう。

❶ 家で、両親や家族に「〇〇させられた/させられる」エピソードを
話してください。

例 毎週週末、妻にトイレ掃除をさせられます。

❷ 学校・会社で「〇〇させられた/させられる」エピソードを話してください。

例 新入社員のとき、上司に商品についてのプレゼンテーションをさせられました。

❸ あなたがさせられて大変だったこと・嫌だったことはどんなことですか。

例 会社の飲み会でお酒に弱いのに、たくさん飲まされて大変でした。

3 「〜させてくれる/〜させてくださる」を使って話しましょう。

あなたの両親や上司が「〇〇させてくれたこと/させてくれなかったこと」は何ですか。

例 ・私の上司は私が「海外出張に行かせてください」と言ったら、すぐに行かせてくれま
した。

・両親は私が日本に留学したいと言ったら、留学させてくれました。

4 先生や会社の上司、クラスメイトにお願いをしてみましょう。

例 ・金曜日は用事があって、授業に来られないので、単語テストを来週に受けさせてもら
えませんか。

・来月、友達の結婚式があるので、休暇を取らせていただけませんか。

アクティビティ

ロボットに何をさせたい?

☑️ あなたは最新型のロボットを持っています。このロボットにどんなことをさせたいですか。話してみましょう。

	させたいこと
さん	
さん	
さん	
さん	

例

ロボットの名前は?	➡	まさおくん
何をさせる?	➡	料理と掃除
どうして?	➡	
一緒にしたいことは?	➡	

Memo

15 前より自販機が減ったそうですよ。

ポイント

1 ～そうだ＜伝聞＞　　2 ～らしい＜うわさ＞
3 ～と思う　　　　　　4 ～し、～し

話してみましょう

1 韓国にはどんな自動販売機がありますか。

2 どんな自動販売機があればいいと思いますか。

🎧 mp3

読みましょう

<外勤中>

まさき　今日は蒸し暑いですね。喉がカラカラです。何か飲みませんか。

スジ　私も喉が渇きました。何か飲みましょう。あそこに自販機がありますね。

まさき　この缶コーヒー、新商品ですね。どんな味か気になります。

スジ　そのコーヒー、最近人気らしいですよ。どこかで聞きました。

まさき　そうなんですか。じゃあ、私はこれにします。スジさんは？

スジ　このお茶も好きだし、あのジュースもおいしいし、迷うなあ。
　　　　でも今日は量が一番多いこのお茶にします。

まさき　(冷たい飲み物を飲みながら) 生き返った。

スジ　私も少し元気になりました。そういえば日本の自販機って何でも売っていますよね。前にお酒を売っている自販機を見て驚きました。

まさき　お酒もあるし、食べ物もあるし、アイスやタバコなどもありますよ。

スジ　初めて見たときはとても驚きました。でも自販機でお酒やタバコを売ったら子供たちが買って問題になりませんか。

まさき　お酒やタバコは身分証がないと買えないことになっています。

スジ　それなら大丈夫ですね。日本はどこに行っても自販機がある印象です。

まさき　でも以前テレビ番組で見たんですけど、前より自販機の数が減ったそうですよ。

単語　🎧 mp3

自動販売機(自販機) 자동판매기(자판기) | 外勤 외근 | カラカラ 바싹바싹(바짝 마른 모양) | 缶 캔 |
量 양 | 生き返る 되살아나다 | 驚く 놀라다 | など 등 | 身分証 신분증 | 以前 이전(에) | 数 수

チェックポイント

1　（V・いA・なAの普通形、N：〜だ）そうだ＜伝聞＞

- 天気予報によると明日から気温が下がるそうです。
- 山田さんは法律に詳しいそうです。
- **A** 中山さんはとても高そうな車に乗っていますね。

  B 中山さんはお金持ちですけど、とてもけちだそうですよ。
- うちの父は若かったとき、イケメンだったそうです。

2　（V・いAの普通形、なA：〜だ、N）らしい＜うわさ＞

- 林さんに彼女ができたらしいですよ。マッチングアプリで出会ったらしいです。
- あの映画はつまらないらしいです。
- パクさんの新しいビジネスは順調らしいですよ。
- **A** あそこの店のパン、食べたことある？

  B 食べたことないけど、人気らしいよ。

3 （V・いA・なAの普通形、N：〜だ）と思う

- もうすぐ着くと思います。もう少しだけ待ってください。
- 授業中、ずっと寝ているのに成績がいいのはおかしいと思う。
- 無理だと思ったけど、最後まで頑張りました。
- **A** 私の血液型は何型だと思いますか。

  B たぶんA型だと思います。

4 （V・いA・なAの普通形、N：〜だ）し、（V・いA・なAの普通形、N：〜だ）し

- 彼女はユーモアも あるし、親切だし、明るいし、モテると思います。
- スマホがあれば電話もできるし、写真も撮れるし、メールも送れるし、何でもできます。
- 頭も痛いし、咳も出るし、熱もあるので今日は休みます。
- **A** 仕事がまだ上手くできなくて、悩んでいます。

  B 入社して1カ月だし、覚えることも多いし、上手くできないのは当然ですよ。

単語 🎧 mp3

気温が下がる 기온이 내려가다 ｜ 法律 법률 ｜ 詳しい 상세하다, 자세히 알고 있다 ｜ けちだ 인색하다 ｜
イケメン 꽃미남 ｜ 出会う (우연히) 만나다 ｜ 順調だ 순조롭다 ｜ 着く 도착하다 ｜ おかしい 이상하다 ｜
血液型 혈액형 ｜ モテる 인기가 있다 ｜ 咳 기침 ｜ 上手い 잘하다, 훌륭하다 ｜ 当然 당연 ｜ 地震 지진 ｜
川 강 ｜ 制服 교복, 제복 ｜ 変わる 바뀌다 ｜ 看護師 간호사 ｜ 偉い 훌륭하다, 지위가 높다 ｜
見かける 눈에 띄다 ｜ 部活 동아리 활동 ｜ 賞を取る 상을 받다 ｜ 幽霊 유령, 귀신 ｜ 返信 회신, 답장 ｜
動画 동영상 ｜ 楽器 악기 ｜ ドラムを叩く 드럼을 치다 ｜ キャンセル 취소

練習しましょう

1 「〜そうだ」を使って話しましょう。

例　スジ・この小説はとてもおもしろいです。
→ スジさんによると、その小説はとてもおもしろいそうです。

① テレビ・最近の子供たちは疲れています。　→

② ニュース・昨日の地震は大きかったです。　→

③ 先生・キムさんはインフルエンザにかかりました。　→

④ パクさん・私の弟はゲームが大好きです。　→

⑤ 本・昔、あの川はとても汚かったです。　→

⑥ 校長先生・来年から学校の制服が変わります。　→

⑦ 中山・私の母は看護師でした。　→

2 「らしい」を使って話しましょう。

GOSSIP

例　佐藤さん・来月会社を辞めます。
→ 佐藤さんは来月会社を辞めるらしいです。

① 新入社員・仕事ができます。　→

② キムさんのお父さん・偉い人です。　→

③ 山田さん・転職を考えています。　→

④ 林先生・前は学生にとても厳しかったです。　→

⑤ パクさん・大学生のとき、有名でした。　→

⑥ 部長と木村さん・付き合っていました。　→

3 絵を見て、誰がどんなことを思っているか考えてみましょう。

例　〇〇さんは〜と思っています。

チェ　佐藤　キム　上田　部長　田中　山田　社長

4 「〜し〜し」を使って説明しましょう。三つ目の説明は自分で作りましょう。

例　お父さん・優しいです／おもしろいです
　　A　お父さんはどんな方ですか。
　　B　父は優しいし、おもしろいし、それに料理も上手です。

❶ 【あの映画】
・最近人気です
・有名な俳優が出ています

❷ 【あの会社】
・休みが少ないです
・イメージが悪いです

❸ 【あのホテル】
・朝食がおいしいです
・プールがあります

❹ 【このカフェ】
・SNSでよく見かけます
・いつもにぎやかです

❺ 【学生時代】
・一日も休みませんでした
・部活を頑張りました

❻ 【その店】
・とても高いです
・客が少ないです

フリートーキング

1 最近見たニュースを「〜そうだ」を使って話してください。

例 ・映画「〇〇〇」が有名な賞を取ったそうです。

・日本代表がワールドカップに出ることが決まったそうです。

2 あなたが聞いたうわさ話を「〜らしい」を使って話してください。

例 ・芸能人の〇〇さんは高校時代、ファンクラブがあったらしいです。

・あの病院は夜になると幽霊が出るらしいです。

3 「〜と思う」を使ってあなたの意見を話してください。

例 メールの返信が遅いこと

➡ 仕事のメールは早く返信するのがいいと思います。でも、仕事以外のことなら早く返信しなくてもいいと思います。

① 友達が少ないこと

② 食事中、動画を見ること

③ 朝ご飯を食べないこと

④ 子供にたくさん勉強をさせること

⑤ 出会って1カ月で結婚すること

⑥ [自由]

4 「〜し〜し」を使ってあなたがすごいと思う人を紹介してください。

例 私の高校の先輩はいろんな楽器が弾けます。

ピアノも弾けるし、ギターも弾けるし、ドラムも叩けるし、それに歌まで上手です。私も先輩みたいになりたいです。

5 「〜し〜し」を使って理由を話してください。

例 風邪で授業を休むとき

➡ 今日は頭も痛いし、喉も痛いし、咳も出るので休みます。

① 友達との約束をキャンセルするとき

② デートに誘われたけど、断りたいとき

アクティビティ

どっち？

✓ 二つの中から一つを選んでください。そして、その理由を話してください。

例 豚肉が好き？牛肉が好き？

→ 私は豚肉の方がおいしいと思います。豚肉を使う料理にはとんかつもあるし、サムギョプサルもあるし、豚肉の方が好きです。

❶ 嘘はついてもいい？ついてはいけない？ →

❷ お酒を飲むことと、タバコを吸うことどっちが嫌？ →

❸ 大学生はアルバイトをした方がいい？しない方がいい？ →

❹ 外食とデリバリーどっちがいい？ →

❺ 歌が上手な人と、ダンスが上手な人。どっちになりたい？ →

❻ 夜中に彼氏・彼女に会いたいと言われたら行く？行かない？ →

❼ アイスコーヒーがいい？ホットコーヒーがいい？ →

❽ 週末は朝早く起きる？遅く起きる？ →

❾ 野球が好き？サッカーが好き？ →

❿ [自由]

16 早く仲直りを した方がいいですよ。

ポイント
1. ～んです
2. ～ようにする
3. ～た方がいい
4. ～たらどうですか

話してみましょう

1 あなたは今悩みがありますか。

2 ケンカをしないように、気をつけていることはありますか。

読みましょう

スジ　佐藤さん、最近元気がないですね。何かあったんですか。

佐藤　実は先週彼氏とケンカしてしまって、1週間くらい彼氏から連絡がないんです。

スジ　そうなんですね。でもどうしてケンカしたんですか。

佐藤　先週付き合って3年記念日だったんですが、彼氏がすっかり忘れていて。それで私が怒って、彼氏も機嫌が悪くなって、ケンカになってしまったんです。はあ、あんなにきつく言わなければよかったと、後悔しています。

スジ　それなら、連絡をしてみたらどうですか。

佐藤　わかっているんですけど、私から連絡する勇気がでなくて。

スジ　早く仲直りをした方がいいと思いますよ。連絡しない時間が過ぎれば過ぎるほど、連絡しにくくなってしまいますから。

佐藤　そうですね。今日中には連絡するようにします。

スジ　今日中ですか。今、連絡してみたらどうですか。

佐藤　うーん、そうですね！今送ってみます！

<数日後>

スジ　佐藤さん、最近うれしそうですね。彼氏さんと仲直りをしたんですか。

佐藤　はい、仲直りをしました。彼氏もこれから大事な日を忘れないようにすると言ってくれたし、私もあまり怒らないようにしていくと話しました。

スジ　そうですか。それはよかったです。

単語

仲直り 화해 ｜ 記念日 기념일 ｜ すっかり 완전히, 까맣게 ｜ 機嫌が悪い 기분이 안 좋다, 심기가 불편하다 ｜
きつい 엄하다, 모질다 ｜ 勇気 용기 ｜ 過ぎる 지나다

チェックポイント

1　(V・いAの普通形、なA：〜な、N：〜な) んです

- 実は来月結婚するんです。
- **A** どうしたんですか。そんなに焦って。

  B 大事な会議の資料をなくしてしまったんです。
- **A** コピーしたいんですが、どこでできますか。

  B コンビニに行けば、コピーできます。
- **A** 田中さん、最近幸せそうですね。何かいいことがあったんですか。

  B え、わかりますか。実は彼女ができたんです。

2　(V基本形・ない形) ようにする

- 健康のために、できるだけ毎日歩くようにしています。
- 家を出るときは、忘れ物がないか確認するようにしています。
- 健康に悪いですから、当分お酒は飲まないようにしてください。
- 周りの人の迷惑になりますから、大きい声で話さないようにしてください。

3 | (Vた形) た方がいい
(Vない形) ない方がいい

- 頭が痛いときは、寝た方がいいです。
- これ以上飲むと酔っ払うかもしれませんから、もう飲まない方がいいですよ。
- **A** 最近5キロも太ってしまったんです。

  B それは大変ですね。運動した方がいいですよ。
- **A** 最近、仕事が忙しくて大変なんです。

  B それは上司に相談してみた方がいいですよ。

4 | (Vた形) たらどうですか

- 寒そうですね。コートを着たらどうですか。
- 佐藤さんのことが好きなら、告白したらどうですか。
- 日本人の友達を作りたければ、交流会に参加してみたらどうですか。
- **A** 安いパソコンを買いたいんですが、どこかいいお店を知っていますか。

  B うーん、よく知りません。鈴木さんに聞いてみたらどうですか。

🎧 mp3

単語

焦る 안달하다, 초조해하다 ｜ 当分 당분간 ｜ 酔っ払う 만취하다 ｜ 相談する 상담하다, 의논하다 ｜

告白する 고백하다 ｜ 交流会 교류회 ｜ 事務 사무 ｜ 申し込む 신청하다 ｜ 貯金する 저금하다 ｜

準備 준비 ｜ しっかりする 단단히 하다, 정신 차리다 ｜ なくす 잃다, 없애다 ｜ 公共 공공 ｜

茶碗 찻잔, 밥그릇 ｜ 気分転換 기분 전환 ｜ 聞き取る 알아듣다, 듣고 이해하다 ｜ 増やす 늘리다 ｜

アプリ 앱(アプリケーション의 준말) ｜ 解決策 해결책

練習しましょう

1 「~んです」を使って会話で練習しましょう。

例 **A** どうして （引っ越します→） 引っ越すんですか。
B （部屋が狭いです→） 部屋が狭いんです。

❶ **A** どうして （スーツを着ています→）　　　　　　　　んですか。
B （面接があります→）　　　　　　　　んです。

❷ **A** 昨日の飲み会に参加しませんでしたね。
B はい、（お酒が飲めません→）　　　　　　　　んです。

❸ **A** 今日、飲みに行きませんか。
B すみません。（今日は約束があります→）　　　　　　　　んです。

❹ **A** ここに車を止めてもいいですか。
B すみません。ここは （駐車禁止です→）　　　　　　　　んです。

❺ **A** 事務の佐藤さんが結婚するらしいですよ。
B え、本当ですか。そのうわさ、
誰に （聞きました→）　　　　　　　　んですか。

❻ **A** 韓国では10月9日は （休みです→）　　　　　　　　んですか。
B はい、その日は （ハングルの日です→）　　　　　　　　んです。

2 「～んですが」を使って話しましょう。

例 日本語の会話を勉強したいです・どこの教室に行く
A 日本語の会話を勉強したいんですが、
   どこの教室に行ったらいいですか。
B パゴダに行ったらいいと思いますよ。

❶ パソコンが壊れました・どうする

❷ 友達が結婚します・何をあげる

❸ JLPT試験を受けたいです・どうやって申し込む

❹ おいしい韓国料理を食べたいです・どこに行く

❺ [自由]

☺ 📄 練習しましょう

3 「〜んです」「〜ようにする／ないようにする」を使って練習しましょう。

例 虫歯で歯が痛い

  A 虫歯で歯が痛いんです。

  B ⓐこれからは食事の後に、歯を磨くようにしてください。

    ⓑこれからは甘いものをたくさん食べないようにしてください。

❶ お腹が痛い

❷ 風邪を引いてしまう

❸ 最近5キロ太ってしまった

❹ お金がない

❺ 明日大事な会議がある

❻ 海外旅行に行く

4 「〜んです」「〜た方がいい/ない方がいい」「〜たらどうですか」を使って会話で練習しましょう。

例 **A** 最近よく彼女と （ケンカしてしまいます→） ケンカしてしまうんです。
　　B それはよく話し合った方がいいですよ。

❶ **A** 最近仕事が残業続きで （大変です→）　　　　　　　　　　んです。
　　B それは　　　　　　　　　　　　　　　　　　　た方がいいですよ。

❷ **A** 結婚指輪を （なくしてしまいました→）　　　　　　　　　　　んです。
　　B 　　　　　　　　　　　　　　　　　た方がいいですよ。

❸ **A** 記念日を忘れてしまい、今彼女が （怒っています→）　　　　　　　　んです。
　　B それは　　　　　　　　　　　　　　　た方がいいですよ。

❹ **A** なかなか日本語が （上手になりません→）　　　　　　　　んです。
　　　どうすればいいですか。
　　B 　　　　　　　　　　　　　　　　たらどうですか。

❺ **A** どうしても来年までに （結婚したいです→）　　　　　　　んです。
　　B 　　　　　　　　　　　　　　　　　たらどうですか。

❻ **A** 来週、 （大学の試験です→）　　　　　　　　　んです。
　　　緊張しない方法はありますか。
　　B 　　　　　　　　　　　　　　　たらどうですか。

❼ **A** 隣の家が毎日うるさくて、 （困っています→）　　　　　　　んです。
　　B 　　　　　　　　　　　　　　　たらどうですか。

フリートーキング

1 「〜ようにする」「〜ようにしています」を使って話しましょう。

❶ 人と話すときは

例
- 話をしっかり聞くようにしています。
- ケータイを見ないようにしています。

❷ お金がないときは…

例
- 家で作って食べるようにしています。
- 外食をしないようにしています。

❸ 日本語の授業中は…

例
- 先生の話をしっかり聞くようにしています。
- 韓国語を使わないようにしています。

❹ 公共の場所・乗り物では…

例
- 電車に乗るときは、乗っている人が降りてから乗るようにしています。
- バスや電車の中では大声で話さないようにしています。

❺ みなさんが普段気をつけていることを話しましょう。

2 あなたが「〜ようにした方がいい」と思うことについて話しましょう。

例 日本ではご飯を食べるときに茶碗を持って食べるようにした方がいいです。

3 A → クラスメイトに「〜んです」を使って何か相談をしてください。

B → Aさんの相談を聞いて、「〜た方がいい」「〜たらどうですか」を使ってアドバイスをしてみましょう。

例 A 最近仕事がとても忙しくて、ストレスが溜まっているんです。

B それは大変そうですね。週末に旅行に行って気分転換をしたらどうですか。

アクティビティ

アドバイスをしよう

☑ あなたは日本語の勉強についてどんなことで悩んでいますか。クラスの人と一緒にどうすればいいか考えてみましょう。（16課の文型を使って悩みを相談したり、アドバイスをしてみましょう！）

例 **A** 私は日本語の聞き取りが苦手で、まだ先生やクラスメイトの話がよく聞き取れないんです。どうすればいいでしょうか。

B 日本のドラマやアニメを見てみたらどうですか。

日本語を聞く機会を増やせば、もっと上手になると思います。

C インターネットで日本人の友達を作るアプリを使ってみたらどうですか。

	どんな悩み？	解決策
＿＿＿＿＿＿＿さん		
＿＿＿＿＿＿＿さん		
＿＿＿＿＿＿＿さん		
＿＿＿＿＿＿＿さん		
＿＿＿＿＿＿＿さん		

17 鬼のお面を 準備しておきました。

ポイント

① 自動詞と他動詞　② 自動詞＋ている＜状態＞

③ 他動詞＋てある＜状態＞　④ ～ておく

鬼は外, 福は内!

話してみましょう

1 節分について知っていることがありますか。

2 日本の文化について知っていることを話してください。

読みましょう

田　中	明日は節分ですね。うちで一緒に豆まきをしませんか。
ス　ジ	いいんですか。一度やってみたかったんです。
田　中	うちは小さい子供がいるので毎年豆まきをしているんです。 まさきさんも誘っておきましたから、みんなで一緒にしましょう。
ス　ジ	初めてなので楽しみです。鬼の役は誰がしますか。
田　中	今年は私が鬼の役をすることが決まっています。 赤い鬼のお面を準備しておきました。
ス　ジ	他に何を準備すればいいですか。私も手伝います。
田　中	恵方巻はもう予約してあるし、豆も買ってあるし、準備は全部してあります。来週の火曜日、うちに来てください。

<節分の日>

スジ•まさき	鬼は外、福は内。
田　中	じゃあ、豆まきはここまでにして、豆を食べましょう。
まさき	スジさん、豆は歳の数だけ食べなければいけません。 それから、恵方巻を食べるときは一言も話してはいけません。
田　中	こっちを見ながら食べてください。
ス　ジ	そっちですか。(食べる) ごちそうさまでした。とてもおいしかったです。
まさき	これで今年も健康に過ごせますね。

単語　🎧 mp3

鬼 오니(도깨비, 술래) ｜ お面 탈 ｜ 節分 세츠분(입춘 전날) ｜ 豆まき 마메마키(액막이 콩 뿌리기) ｜
役 역(할) ｜ 恵方巻 에호마키 ｜ 福 복 ｜ 内 안 ｜ 歳 나이 ｜ こっち 이쪽, 여기

チェックポイント

1 　自動詞と他動詞

自動詞	他動詞
開く	開ける
閉まる	閉める
つく	つける
消える	消す
入る	入れる
出る	出す
落ちる	落とす
倒れる	倒す
始まる	始める
上がる	上げる

自動詞	他動詞
並ぶ	並べる
止まる	止める
起きる	起こす
決まる	決める
変わる	変える
汚れる	汚す
かかる	かける
割れる	割る
壊れる	壊す
直る	直す

- 財布を落としてしまいました。
- 台風で看板が倒れたみたいですね。
- **親**　もう9時だよ。早く起きて。

  子供　今日は日曜日だよ。起こさないでよ。
- **子供**　ごめん、服が汚れちゃった。

  親　汚れたんじゃなくて、汚したんでしょう。

2 　（自動詞のて形）ている＜状態＞

- 時計が止まっています。
- ケータイが壊れているので不便です。
- 家に誰もいないはずなのに、電気がついています。
- **A** 店の前に人が並んでいますよ。

  B 有名な店かもしれませんね。私たちも並んでみましょう。

3 （他動詞のて形）てある＜状態＞

- きれいな花が飾ってあります。
- 食材は買ってありますから、料理を作りましょう。
- 問題の答えは教科書の後ろに書いてあります。
- **A** あれ？去年のカレンダーがかかっていますね。

  B 気に入っているので、捨てないで今もかけてあるんです。

4 （他動詞のて形）ておく

- テストのために復習をしておきます。
- 映画が始まる前に、トイレに行っておきます。
- 先生が職員室にいなかったので、机の上に宿題を置いておきました。
- **A** 窓が開いていますね。閉めましょうか。

  B 少し暑いので、そのまま開けておいてください。

mp3

単語

台風 태풍 ｜ 看板 간판 ｜ 飾る 장식하다 ｜ 食材 식자재 ｜ 答え 답 ｜ 復習 복습 ｜ 職員室 교무실 ｜

鍵をかける 문을 잠그다 ｜ 箸 젓가락 ｜ プラスチック 플라스틱 ｜ においがする 냄새가 나다 ｜

資料 자료 ｜ 暑がり 더위를 많이 탐, 그런 사람 ｜ 日にち 날짜

練習しましょう

1 次の文章を読んで正しいものを選びましょう。

例 **A** ラジオを [つきましょう ・ つけましょう] か。
B いいですね。お願いします。

1 家を出るときは、ちゃんとテレビを [消えて ・ 消して]、電気も [消えて ・ 消して]、
鍵も [かかりましょう ・ かけましょう]。

2 ここに車を [止まった ・ 止めた] ら、ダメですよ。ここは駐車禁止です。

3 **先輩** もう会議の予定は決まった？
後輩 明日部長が [決まる ・ 決める] そうです。

4 **田中** 明日時間ありますか。一緒に食事しませんか。
上田 すみません。明日はもう約束が [入って ・ 入れて] いるんです。

5 **父** 今から食事をするから箸を [並べて ・ 並んで]。
息子 わかった。お皿も [出た ・ 出した] 方がいいよね？

6 **あい** 右のコップと左のコップ、どっちがいいと思う？
みき う～ん、右はプラスチックで [割れにくい ・ 割りにくい] から、右のコップにしたら
どう？

7 **妻** 今赤ちゃんが寝ているから、[起きない ・ 起こさない] ように、静かにしてね。
夫 じゃあ、掃除は赤ちゃんが起きてから [始まる ・ 始める] ね。

2 「自動詞+ている」を使って話しましょう。

例　A 電気がついていますね。
　　B そうですね。誰かがつけたかもしれませんね。

① 部屋が汚れる

② ドアが開く

③ 部屋の電気が
　消える

④ 店に人が並ぶ

⑤ 時計が壊れる

⑥ お金が落ちる

⑦ コップが割れる

⑧ 店が変わる

3 「〜てある」を使って話しましょう。

例　ちょっとタバコのにおいがしますから、窓が開けてあります。

① 窓を閉める

② 電気をつける

③ 家の前に車を止める

④ 本を並べる

⑤ 電気を消す

⑥ お金を出す

⑦ 本を箱に入れる

⑧ クッキーを割る

練習しましょう

4 「〜ておく」を使って話しましょう。

例 新しい服を買う
来月、友達の結婚式があるので新しい服を買っておきました。

❶ 料理を作る

❷ この場所について調べる

❸ 掃除をする

❹ 名前を覚える

❺ 机の上に置く

❻ 早く寝る

5 下のリストを見ながら「〜てある」「〜ておく」を使って話しましょう。

例 A もうケーキを予約しておきましたか。
B それがまだなんです。
A じゃあ、10日までに予約しておいてください。
それから、もうワインを買っておきましたか。
B はい、もう買っておきました。

> **やることリスト**
> ☐　ケーキを予約する
> 　（10日まで）
> ☑　ワインを買う
> 　（24日まで）

❶ ☐　会議の時間を決める
　（今日の17時まで）
☑　会議の資料をコピーする
　（明日の12時まで）

❷ ☑　お客様に電話をかける
　（今日の午前中まで）
☐　部長のサインをもらう
　（今日まで）

❸ ☐　イスを並べる
　（すぐ）
☐　テーブルの上に飲み物を置く
　（午後4時まで）

❹ ☐　取引先へのお土産を買う
　（今月まで）
☑　新幹線の時間を変える
　（今週まで）

フリートーキング

1 AとBの絵を見て「〜ている」を使って間違い探しをしましょう。

Ⓐ  Ⓑ

2 「〜てある」を使ってあなたの部屋について話してみましょう。

例 リビングに 家族写真が飾ってあります。それから、娘が描いた絵も飾ってあります。

私は暑がりなので、冬でも窓が開けてあります。

3 「〜ておく」を使って話しましょう。

例 試験の前には…

→ 復習をしておきます。それからどんな問題が出るか予想しておきます。夜は早く寝ておきます。

① 面接の前には…

② 初デートの前には…

③ 旅行に行く前には…

④ 出かける前には…

アクティビティ

みんなで〇〇をしよう！

☑️ あなたはクラスメイトと一緒に〇〇をすることになりました。みんなで何をするか選んだ後で、そのためにどんな準備が必要か書いてみましょう。

例【クリスマスパーティー】

　A クリスマスパーティーをするのは
　　どうですか。

　B いいですね。しましょう。

　A まず、日にちと時間を決めておきま
　　しょう。

　B それから、ケーキとチキンを予約し
　　ておいた方がいいですね。…

やること

☐　日にちと時間を決めておく
☐　ケーキとチキンを予約しておく
☐　プレゼントを買っておく
☐　クリスマスカードを書いておく
☐　音楽を選んでおく
☐　部屋を飾っておく

【みんなでやること】

焼肉パーティーをする、キャンプに行く、〇〇さんの誕生日パーティー、日本旅行

やること

☐ _____
☐ _____
☐ _____
☐ _____
☐ _____
☐ _____
メモ

Memo

18 お呼びいたしますので、少々お待ちください。

ポイント
① 特別敬語　② 謙譲語
③ 尊敬語

話してみましょう

1 目上の人や、初めて会う人と話すとき、どんなことに気をつけなければなりませんか。

2 会社や家を訪問するときのマナーについて話しましょう。

読みましょう

石　田　いつもお世話になっております。私、トウワ商事の石田と申しますが、松本営業部長はいらっしゃいますか。

受　付　営業部の松本ですね。失礼ですが、お約束はなさいましたか。

石　田　はい、午後2時にお約束をしております。

受　付　かしこまりました。ただいまお呼びいたしますので、少々お待ちください。

受　付　申し訳ございません。松本はただいま席を外しておりまして、あと10分ほどで戻りますので、こちらにおかけになってお待ちください。

石　田　わかりました。

受　付　お飲み物をお入れいたします。石田様、お飲み物は何を召し上がりますか。

石　田　では、コーヒーをブラックでお願いします。

＜10分後＞

松　本　大変お待たせいたしました。部長の松本です。

石　田　はじめまして、トウワ商事の石田と申します。お目にかかれて光栄です。

松　本　こちらこそ。わざわざお越しくださり、ありがとうございます。

石　田　弊社の商品について、お問い合わせくださり、ありがとうございます。パンフレットをご覧になったようですが、ご注文をお考えですか。

松　本　はい。パンフレットを拝見いたしました。注文したいと考えております。

石　田　ありがとうございます。よろしくお願いいたします。

🎧 mp3

単語

マナー 매너, 예절 | 商事 상사 | 営業部 영업부 | 席を外す 자리를 비우다 | 光栄 영광 |
わざわざ 일부러, 특별히 | 弊社 폐사(자기 회사의 겸칭)

チェックポイント

1 特別敬語

動詞	尊敬語	謙譲語
行く・来る	いらっしゃる おいでになる お越しになる（来る） お見えになる（来る）	参る 伺う
いる （〜ている）	いらっしゃる おいでだ （〜ていらっしゃる）	おる （〜ておる）
する	なさる	いたす
言う	おっしゃる	申す（申し上げる）
食べる	召し上がる	いただく
見る	ご覧になる	拝見する
知る	ご存知だ	存じる（存じ上げる）
寝る	お休みになる	
座る	おかけになる	
着る	お召しになる	
あげる		さしあげる
くれる	くださる	
もらう		いただく
思う		存じる
聞く		伺う・承る
訪ねる・尋ねる		伺う
借りる		拝借する
会う		お目にかかる
わかる		承知する・かしこまる

- お仕事は何をなさっていますか。
- 田中部長はいらっしゃいますか。
- 資料を拝見しました。
- キムと申します。よろしくお願いいたします。

2 お（ます形）・ご（動作性名詞）する／いたす＜謙譲語＞

- 荷物が重そうですね。お持ちしましょうか。
- 部長、その仕事は私がお手伝いいたします。
- 荷物をお預かりいたします。
- ご確認いたしますので、少々お待ちください。

3 お（ます形）・ご（動作性名詞）になる＜尊敬語＞

- 社長はどのような本をお読みになりますか。
- お客様、何時にお戻りになるご予定ですか。
- 部長はタバコをお吸いになりません。
- 点検中のため、このエレベーターはご利用になれません。

4 お（ます形）・ご（動作性名詞）くださる＜尊敬語＞

- こちらのメニューの中からお選びください。
- 貴重品には十分にお気をつけください。
- 滑りやすくなっているので、足元にご注意ください。
- 弊社のホテルにご宿泊くださり、誠にありがとうございます。

5 お（ます形）・ご（動作性名詞）です＜尊敬語＞

- あちらで社長がお待ちです。お急ぎください。
- 今どんな本をお読みですか。
- お客様、何をお探しですか。
- どちらのホテルにご宿泊ですか。

チェックポイント

「お」と「ご」

❶ お + 和語

> 例 お名前、お仕事

❷ ご + 漢語

> 例 ご注意、ご住所　　　　　例外　電話、食事などは「お」

「お〜する・になる・くださる・です」の形が作れない動詞

❶ 2・3グループで、「る」をのぞく語が1音しかないもの

> 例 見る・着る・寝る・来る

❷ 特別敬語の形をよく使うもの

> 例 行く・食べる・言う

🎧 mp3

単語

いらっしゃる 오시다, 가시다, 계시다 ｜ なさる 하시다 ｜ おっしゃる 말씀하시다 ｜ 参る 가다, 오다(겸양) ｜
承知する 알다, 승낙하다(겸양) ｜ かしこまる 알다, 명령을 받들다(겸양) ｜ 預かる 맡다, 보관하다 ｜
少々 조금, 잠시 ｜ 点検 점검 ｜ 貴重品 귀중품 ｜ 足元 발밑 ｜ 宿泊 숙박 ｜ 誠に 정말로 ｜
急ぐ 서두르다 ｜ 件 건 ｜ 泊まる 묵다, 숙박하다 ｜ 注文 주문 ｜ お釣り 거스름돈 ｜ 在庫 재고 ｜
〜際 ~때 ｜ 初対面 첫 만남 ｜ お年寄り 어르신

1 特別敬語を使って話しましょう。

例 社長・会議室に行く
社長が会議室にいらっしゃいます。

1 社長・昼食を食べる

2 部長・資料を見る

3 取引先の方・韓国に来る

4 先生・教室にいる

5 私・釜山から来た

6 私・ホームページを見た

7 先生・私に本をくれた

8 私・社長室に行く

9 私・意見を聞く

2 「お・ご〜する／いたす（謙譲語）」を使って目上の人と話しましょう。

例 部長、私がこの書類を取引先に （届く→）**お届けします／お届けいたします**。

1 社長、かばんを （持つ→）　　　　　　　　　　　　　　　。

2 部長、駅まで車で （送る→）　　　　　　　　　　　　　　。

3 先生、雨が降っているので傘を （貸す→）　　　　　　　　。

4 その件については来週また （連絡する→）　　　　　　　　。

5 お客様、席に （案内する→）　　　　　　　　　　　　　　。

練習しましょう

3 「お・ご～になる（尊敬語）」を使って会話しましょう。

> 例 **A** 先生はどんな本を（読む→）お読みになりますか。
> **B** 小説をよく読みます。

❶ **A** 田中部長は何時に（戻る→）　　　　　　　　　　　か。
　 B 2時頃戻る予定です。

❷ **A** 社長はどんなお酒を（飲む→）　　　　　　　　　　か。
　 B 酒ならやっぱりウィスキーですね。

❸ **A** 田中さんは、タバコを（吸う→）　　　　　　　　　か。
　 B 健康のため、今は禁煙しているんです。

❹ **A** 木村さんはいつ夏休みを（取る→）　　　　　　　　か。
　 B 7月の終わりに取ろうと思っています。

❺ **A** 日本ではどんなところに（泊まる→）　　　　　　　か。
　 B 北海道の温泉旅館に泊まりました。

4 「お・ご～ください（尊敬語）」を使ってお客様に指示を出しましょう。

> 例 ご注文が決まりましたら、（呼ぶ→）お呼びください。

❶ こちらのメニューの中から（選ぶ→）　　　　　　　　　　　。

❷ こちらの席に（座る→）　　　　　　　　　　　　　　　　　。

❸ こちらの書類にお名前を（書く→）　　　　　　　　　　　　。

❹ 滑りますので（気をつける→）　　　　　　　　　　　　　　。

❺ あちらのカウンターで（注文する→）　　　　　　　　　　　。

❻ 300円のお釣りです。（確認する→）　　　　　　　　　　　。

5　「お・ご～です（尊敬語）」を使って会話しましょう。

例　A　どちらのホテルに　（泊まっている→）お泊まりですか。
　　 B　明洞のホテルです。
　　　 _{ミョンドン}

❶ A　お客様、メールアドレスを　（持っている→）　　　　　　　　　　か。
　 B　はい、持っています。abcde@abc.co.jpです。

❷ A　お客様、何を　（探してる→）　　　　　　　　　　　　か。
　 B　ホームページで見たこのジャケットを探しているんですが、在庫はありますか。

❸ A　田中さん、今何を　（書いている→）　　　　　　　　　か。
　 B　明日までに出さなければならない報告書を書いています。

❹ A　部長、今日は少し　（疲れている→）　　　　　　　　ね。少しお休みください。
　 B　いいえ、大丈夫です。心配ありがとうございます。

❺ A　田中部長、社長が　（呼んでいる→）　　　　　　　。社長室までお越しください。
　 B　はい、すぐに伺いますと社長にお伝えください。

6　敬語を使って話しましょう。

❶ A　お客様、おタバコを　（吸います→）　　　　　　　　　　か。
　 B　はい。吸います。
　 A　当店では全席禁煙で、おタバコは　（吸えません→）　　　　　　　　　。
　　　おタバコを　（吸う→）　　　　　　　際は、あちらの喫煙ルームを
　　　（利用してください→）　　　　　　　　　　　　。

❷ A　田中部長、来週の会議の話を　（聞きました→）　　　　　　　か。
　 B　いいえ、まだ聞いていません。いつですか。
　 A　来週月曜日の午前11時からです。部長は　（参加します→）　　　　　　か。
　 B　その日は出張に行くので参加できません。石田課長に欠席すると
　　　（伝えてください→）　　　　　　　　　　　　。

フリートーキング

1 どんな敬語を聞いたことがありますか。

あなたがデパートや駅、案内所、ホテル、テレビなどで聞いたことがある日本語のフレーズを教えてください。

例 ・デパートで…　本日はご来店くださり誠にありがとうございます。

ご予算はいくらぐらいをお考えでしょうか。

色は、どれになさいますか。

・駅で…　　　電車が参ります。黄色い線の内側でお待ちください。

・飲食店で…　お待たせいたしました。席にご案内いたします。

2 会社でよく使う敬語のフレーズを日本語に直してください。

例 メールでご連絡いたします。

3 クラスメイトに敬語を使って何か質問をしてください。

例 ○○さん、週末は何をなさいますか。

4 隣の人に「お〜ください」を使って何か指示をしてください。

例 ○○さん、152ページの単語をお読みください。

5 あなたが先生や上司など目上の人にしたことについて、敬語を使って話してください。

例 日本から取引先の方がソウルにいらっしゃったとき、ソウルをご案内いたしました。

アクティビティ

敬語でロールプレイ

☑️ 敬語を使ってロールプレイをしてみましょう！

A　初対面同士の会話

あなたは日本語のクラスに初めて来ました。自己紹介をしてください。

そして、クラスメイトと仲良くなるために、質問もしてください。

B　店員と客の会話

・あなたは店の店員です。今店が満席で30分くらい待たなければならないとお客様に説明してください。

・お客様を席に案内して、メニューなどを聞いてください。

C　上司と部下の会話

来週、社員で飲み会をする予定です。

部長は参加できるかどうか、参加できる場合、いつがいいかなど、聞いてください。

D　お年寄りの方と学生の会話

あなたは学生です。重そうに荷物を持っているおばあさんが階段の下にいます。

手伝ってあげたいですが、あなたはどのように声をかけますか。

Memo

すくすく
日本語 会화 2

학습
자료

日本地図

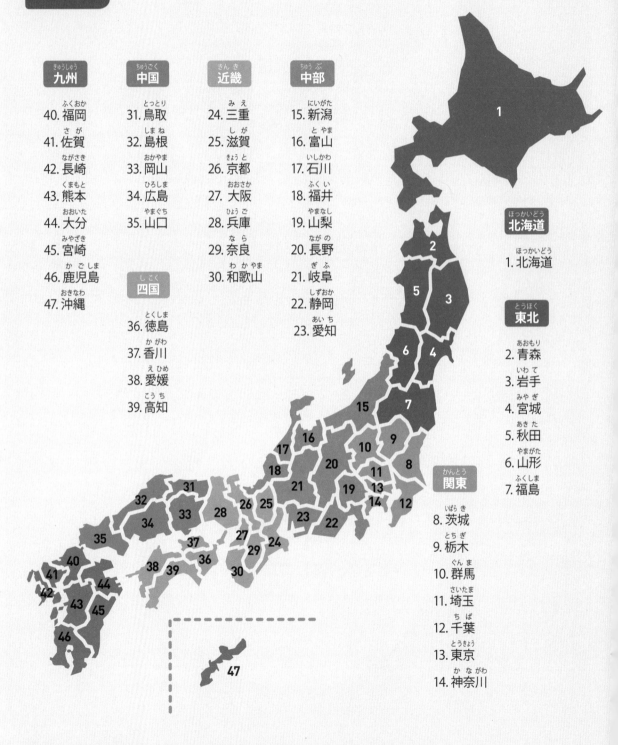

きゅうしゅう
九州

ふくおか
40. 福岡
さ が
41. 佐賀
ながさき
42. 長崎
くまもと
43. 熊本
おおいた
44. 大分
みやざき
45. 宮崎
か ごしま
46. 鹿児島
おきなわ
47. 沖縄

ちゅうごく
中国

とっとり
31. 鳥取
しまね
32. 島根
おかやま
33. 岡山
ひろしま
34. 広島
やまぐち
35. 山口

し こく
四国

とくしま
36. 徳島
か がわ
37. 香川
え ひめ
38. 愛媛
こうち
39. 高知

きん き
近畿

み え
24. 三重
し が
25. 滋賀
きょうと
26. 京都
おおさか
27. 大阪
ひょうご
28. 兵庫
なら
29. 奈良
わ かやま
30. 和歌山

ちゅう ぶ
中部

にいがた
15. 新潟
とやま
16. 富山
いしかわ
17. 石川
ふく い
18. 福井
やまなし
19. 山梨
なが の
20. 長野
ぎ ふ
21. 岐阜
しずおか
22. 静岡
あい ち
23. 愛知

ほっかいどう
北海道

ほっかいどう
1. 北海道

とうほく
東北

あおもり
2. 青森
いわ て
3. 岩手
みやぎ
4. 宮城
あき た
5. 秋田
やまがた
6. 山形
ふくしま
7. 福島

かんとう
関東

いばら き
8. 茨城
とち ぎ
9. 栃木
ぐん ま
10. 群馬
さいたま
11. 埼玉
ち ば
12. 千葉
とうきょう
13. 東京
か ながわ
14. 神奈川

176 すくすく 日本語 会話 2

助数詞

◆ ものを数える ◆

	〜個	〜枚	〜本	〜冊	〜台	〜杯	〜匹
	小さいもの	薄いもの	細長いもの	本・ノート・辞書など	乗りもの	器に入った水や飲み物など	犬・猫・魚・昆虫など
1	いっこ	いちまい	いっぽん	いっさつ	いちだい	いっぱい	いっぴき
2	にこ	にまい	にほん	にさつ	にだい	にはい	にひき
3	さんこ	さんまい	さんぼん	さんさつ	さんだい	さんばい	さんびき
4	よんこ	よんまい	よんほん	よんさつ	よんだい	よんはい	よんひき
5	ごこ	ごまい	ごほん	ごさつ	ごだい	ごはい	ごひき
6	ろっこ	ろくまい	ろっぽん	ろくさつ	ろくだい	ろっぱい	ろっぴき
7	ななこ	ななまい	ななほん	ななさつ	ななだい	ななはい	ななひき
8	はっこ	はちまい	はっぽん	はっさつ	はちだい	はっぱい	はっぴき
9	きゅうこ	きゅうまい	きゅうほん	きゅうさつ	きゅうだい	きゅうはい	きゅうひき
10	じゅっこ	じゅうまい	じゅっぽん	じゅっさつ	じゅうだい	じゅっぱい	じゅっぴき
?	なんこ	なんまい	なんぼん	なんさつ	なんだい	なんばい	なんびき

◆ 月 ◆

1月	いちがつ
2月	にがつ
3月	さんがつ
4月	しがつ
5月	ごがつ
6月	ろくがつ
7月	しちがつ
8月	はちがつ
9月	くがつ
10月	じゅうがつ
11月	じゅういちがつ
12月	じゅうにがつ

◆ 日付 ◆

1日 ついたち	2日 ふつか	3日 みっか	4日 よっか	5日 いつか
6日 むいか	7日 なのか	8日 ようか	9日 ここのか	10日 とおか
11日 じゅういちにち	12日 じゅうににち	13日 じゅうさんにち	14日 じゅうよっか	15日 じゅうごにち
16日 じゅうろくにち	17日 じゅうしちにち	18日 じゅうはちにち	19日 じゅうくにち	20日 はつか
21日 にじゅういちにち	22日 にじゅうににち	23日 にじゅうさんにち	24日 にじゅうよっか	25日 にじゅうごにち
26日 にじゅうろくにち	27日 にじゅうしちにち	28日 にじゅうはちにち	29日 にじゅうくにち	30日 さんじゅうにち
31日 さんじゅういちにち				

すくすく日本語 会話 2

해석
••••••••••••••••••
답안

해석

01 같이 불꽃놀이 보러 가지 않을래요?

수지   여름에는 여러 곳에서 불꽃놀이 축제가 열린다고 들었는데요, 정말인가요?

마사키   네, 일본 각지에서 불꽃놀이 축제를 해요.

수지   그렇군요. 언젠가 가보고 싶다고 생각했어요.

마사키   그러고 보니, 다음 주에는 이 근처에서 해요.

수지   그래요? 괜찮다면, 같이 가지 않을래요?

마사키   좋아요. 갑시다.

수지   〈휴대 전화로 검색하며〉 불꽃놀이 축제는 저녁 7시부터군요.

마사키   그럼, 아사쿠사역으로 오후 4시까지 와주세요. 일찍 가서 자리를 잡읍시다.

수지   알겠어요. 돗자리를 가지고 갈까요?

마사키   괜찮겠어요? 부탁할게요. 앉는 쪽이 보기 편해서 돗자리가 있으면 좋아요.

수지   불꽃놀이 축제에 가면 뭐 먹지? 야타이(포장마차)에서 야키소바(볶음면), 야키토리(닭꼬치구이), 생맥주…. 너무 기대돼요.

마사키   수지 씨는 꽃보다는 경단이군요.

02 코스프레 서밋이라는 행사를 아세요?

수지   마사키 씨, 조금 전 회사에 오는 도중에 희한한 옷을 입고 있는 사람을 많이 봤는데요, 오늘 뭐 있나요?

마사키   아, 수지 씨는 세계 코스프레 서밋이라는 행사를 아세요?

수지   아니요, 모르겠어요. 코스프레 서밋이 뭔가요?

마사키   세계에서 가장 큰 코스프레 행사이고, 좋아하는 애니메이션이나 만화 캐릭터 복장을 입고, 코스프레 챔피언을 정하는 행사예요.

수지   이야~ 재미있겠네요. 가 보고 싶어요.

마사키   저도 가 보고 싶다고 생각했는데, 내일 끝나버릴 것 같아서….

수지   그렇군요. 저도 가 보고 싶어서, 괜찮다면 내일 같이 가지 않을래요?

마사키   좋아요. 가 봅시다. 참가할 거라면 우리도 코스프레를 하고 가지 않을래요? 수지 씨는 어떤 코스프레를 해 보고 싶어요?

수지   음, 코스프레를 하는 건 좀…부끄러워요. 저는 사진을 찍는 것만으로 충분해요.

03 교토에 가본 적이 있어요.

수지   여행으로 교토에 가기로 했는데요, 교토에 간다면 언제를 추천해요?

마사키   글쎄요. 교토는 일 년 내내 예쁜데 봄 아니면 가을이 좋을 것 같아요.

수지   왜요?

마사키   교토의 벚꽃과 단풍이 너무 예쁘거든요.

수지   그렇군요. 여름에는 너무 더운가요?

마사키   네. 여름의 교토에 가본 적이 있는데, 무더운 날씨 때문에 관광하기가 힘들었어요. 근데, 어째서 교토인가요?

수지   일본에 막 왔을 때, 텔레비전 광고에서 교토의 경치를 봤는데요, 정말 예뻐서 그때부터 쭉 가고 싶다고 생각했어요.

마사키   그랬군요. 교토는 유명한 관광지가 많이 있어서, 2박 이상 하는 편이 좋을 것 같아요.

수지   알겠어요. 2박 이상이라는 말이죠? 그리고 꼭 가는 게 좋은 곳이 있나요?

마사키   기요미즈데라와 아라시야마에는 무조건 가세요. 정말 아름답거든요.

수지   알겠어요. 여러모로 가르쳐 줘서 고마워요.

마사키   그리고, 선물은 야쯔하시를 부탁해요.

04 편한 옷차림으로 와도 괜찮아요.

부장   오늘부터 우리 회사에 입사한 우에다 씨입니다. 수지 씨, 회사 사칙에 대해 가르쳐주세요.

수지   네. 알겠습니다.

우에다   신입사원 우에다라고 합니다. 앞으로 잘 부탁드리겠습니다.

수지   김(수지)라고 합니다. 잘 부탁합니다. 우선, 9시 반부터 일을 시작하므로 9시 반까지 출근하지 않으면 안 됩니다. 그리고 매주 수요일은 아침에 회의를 하기 때문에, 9시까지 출근해야 합니다.

우에다   네. 알겠습니다. 그다음에 복장은 어떻게 하면 되나요?

수지	복장은 자유니까, 일하기 편한 옷을 입고 오세요. 그러니까, 정장을 입지 않고, 편한 옷차림으로 와도 괜찮다는 거예요.
우에다	네, 편한 옷도 괜찮군요. 아까 전에 부장님에게 재택근무 이야기를 살짝 들었는데요….
수지	일주일에 한 번, 원하는 요일에 재택근무를 할 수 있어요. 단, 수요일에는 회의가 있으니까 수요일에는 재택근무를 해선 안 돼요.
우에다	수요일이 아니라, 다른 요일을 고르면 되는군요.
수지	여기까지가 우리 회사의 규정이에요. 모르는 것이 있으면 언제든 물어보세요.

05 아이들이 놀이공원에 가고 싶어 합니다.

수지	다음 달은 골든위크네요. 무슨 계획이 있나요?
다나카	가족끼리 놀이공원에 가기로 했어요. 전부터 아이들이 놀이공원에 가고 싶어 해서요.
수지	그렇군요. 근데 골든위크라서 복잡할 것 같네요.
다나카	그건 각오하고 있어요. 연휴에는 어딜 가도 사람이 많으니까요. 수지 씨는 뭐 하시나요?
수지	저는 한국에서 친구가 오는데요, 그 친구가 하코네 온천에 데려가 줬으면 좋겠다고 해서 같이 가려고요.
다나카	온천이요? 좋네요. 근데, 숙박할 곳은 정했어요?
수지	인터넷에서 좋은 료칸을 발견해서 예약하려고요.
다나카	음, 아직 예약을 안 한 거예요? 다음 달인데…. 골든위크는 어디든 예약이 다 차 있어서, 빨리 예약하는 편이 좋아요.
수지	그래요? 그럼, 당장 연락해 볼게요.

06 스마트폰으로 뭐든 가능해졌어요.

마사키	이제 곧 오봉(명절)이네요. 5일간 휴가인데, 수지 씨는 어떻게 보내실 거예요?
수지	저는 부모님이 오기로 되어 있어서, 부모님과 함께 가마쿠라 여행을 하기로 했어요. 일본에서는 오쇼가쓰랑 오봉에 가족과 함께 보내나요?
마사키	옛날에는 가족과 보내는 사람이 많았지만, 지금은 친구와 보낸다거나 여행을 가는 사람이 많아졌어요.

수지	그래요? 한국도 옛날에는 추석이랑 설날(구정)은 가족과 곧잘 모였는데, 요즘에는 가족 다 같이 모이는 사람들이 점점 적어졌어요.
마사키	우리 집도 오봉과 오쇼가쓰는 가족과 친척 다 같이 모이기로 되어 있는데, 요즘 비행기나 신칸센 표가 비싸져서…. 본가로 가는 것도 돈이 들어서 힘들어졌어요.
수지	그렇군요. 옛날과 비교해서 뭐든 비싸져서, 뭘 하려고 하든 힘들죠. 저도 한국으로 가는 비행기가 비싸서 귀국을 포기한 적이 있어요.
마사키	앞으로도 물가나 교통비가 점점 오를 것 같아서, 본가에 가는 것이 좀 더 어려워질 것 같아요. 수지 씨는 본가에 가지 못하면 쓸쓸하지 않아요?
수지	요즘은 스마트폰으로 영상통화도 가능하게 되어, 가족들 얼굴을 볼 수 있으니까 별로 외롭다고 생각해 본 적이 없어요.
마사키	그래요? 그건 다행이네요. 스마트폰으로 무엇이든 할 수 있게 되어서, 정말 편리해졌네요.

07 기리초코(의리 초콜릿)를 줄게요.

마사키	뭔가 샀나요? 큰 봉지를 들고 있네요.
수지	내일은 밸런타인데이라서, 초콜릿을 사 왔어요.
마사키	그러고 보니, 내일이 2월 14일이군요.
수지	일본에서는 남자친구뿐만 아니라, 회사 사람들, 친구에게도 초콜릿을 준다고 들어서, 많이 샀어요.
마사키	맞아요. 일본에는 기리초코(의리로 주는 초콜릿)와 혼메초코(진심으로 주는 초콜릿) 문화가 있어서 초콜릿을 많이 사게 되죠.
수지	기리초코라는 건, 가족이나 친구. 그리고 평소에 신세 지고 있는 사람들에게 주는 것이죠?
마사키	사람에 따라 다르지만, 우리 회사는 주는 분위기예요.
수지	마사키 씨는 밸런타인데이가 가까워져 오면 설레요?
마사키	학창시절에는 누군가가 초콜릿을 줄지도 모른다는 생각에 설렜어요. 그런데 지금은 전혀….
수지	역시 받으면 기쁘겠죠?
마사키	물론이죠. 의리(로 주는 것)라도 기쁘죠.
수지	마사키 씨에게 줄 기리초코도 제대로 준비했어요.
마사키	음, 의리인 건가요?

08 기모노를 입고 있는 사람이 보이네요.

마사키 오늘은 성인의 날이라서, 거리에 기모노를 입고 있는 사람이 많이 보이네요.

수지 일본에서는 성인의 날에 기모노를 입나요?

마사키 네, 여자는 후리소데라고 하는 기모노를 입고 성인식에 가는 사람이 많아요. 한국에서는 성인의 날에 한복을 입나요?

수지 아니요, 성인의 날에도 입지 않고, 요즘에는 거리에서 한복을 입는 사람을 거의 볼 수 없어요.

마사키 어라, 근데 서울로 여행 갔을 때, 경복궁에서 한복을 입은 사람을 많이 봤는데요.

수지 아, 그건 관광용 한복이에요. 경복궁이나 전주 등의 관광지에서는 한복을 빌릴 수 있어서, 한복을 입고 관광을 할 수 있어요.

마사키 그렇군요. 그러고 보니, 우리 조카도 올해 성인이 되네요.

수지 조카 분에게 선물을 이미 줬나요?

마사키 그게, 아직 선물을 사지 않아서… 뭘 줄지 고민 중이에요.

수지 일본에서는 어떤 선물을 줘요?

마사키 사회인이 되면 사용할 수 있게, 볼펜이나 넥타이, 시계 등을 줘요. 괜찮다면, 이번에 쇼핑하러 같이 가지 않을래요? 조카에게 줄 선물을 함께 골라주면 좋겠어요.

수지 좋아요. 가요.

09 저 스모 선수가 이길 것 같아요.

〈스모 경기 관전하기 전〉

사토 스모의 룰을 알고 있어요?

수지 확실히, 저 둥근 선에서 몸이 나가면 지는 거죠?

사토 맞아요. 손이나 발이 도효(씨름판)에서 나가면 안 돼요. 그리고 차거나 때리거나 해서도 안 돼요.

수지 그것도 안 되는군요.

사토 아, 슬슬 시작할 것 같아요.

수지 두근두근하네요.

사토 오른쪽 스모 선수는 몸집이 커서 스모 선수다운 체격을 갖고 있네요. 반대로 왼쪽 선수는 몸집이 작은 편이네요.

수지 제 예상으로는 오른쪽 사람이 이길 것 같아요.

사토 그건 몰라요. 몸의 크기만으로는 이길 수 없거든요.

〈몇 분 후〉

수지 제 예상대로, 큰 선수가 이겼죠? 어라? 상대 선수, 쓰러진 채로 일어나질 않네요.

사토 아무래도 다친 것 같네요.

수지 아플 것 같아요. 뼈가 부러지지 않았으면 좋을 텐데….

10 새로운 취미를 시작하려고 해요.

수지 마사키 씨, 인터넷으로 뭘 찾고 있어요?

마사키 이번 주말에 친구와 서핑하러 가려고 생각해서, 지금 어느 바다에 갈지 보고 있어요.

수지 마사키 씨, 서핑을 하는군요. 멋지네요.

마사키 최근에 막 시작한 거라서, 아직 서투른데, 재미있어요. 여름이 끝날 때까지 주말에는 매주 바다에 가서 연습할 작정이에요.

수지 저도 뭔가 새로운 취미를 시작하려고 하는데, 뭘 시작할지 고민돼요.

마사키 그렇군요. 수지 씨는 이번 주말에 뭘 할 예정이에요?

수지 친구랑 뮤지컬을 보러 가려고 생각해서, 표를 예약하려고 했는데, 금방 매진되어 버려서. 계획이 없어져 버렸어요.

마사키 괜찮다면, 같이 서핑하러 가지 않을래요? 새로운 취미로 서핑을 하는 건 어때요?

수지 저 수영할 줄 모르는데, 서핑을 해도 괜찮을까요?

마사키 보드가 있어서 괜찮을 것 같은데, 헤엄칠 수 있는 편이 안전하겠네요.

수지 그렇죠? 그럼, 우선 수영부터 배워봐야겠어요.

11 섞으면, 더 맛있어져요.

수지 카레를 섞어서 먹나요?

마사키 네. 섞으면 더 맛있어져요.

수지 혹시 일본에서는 섞어서 먹는 게 당연한 건가요?

마사키 아니요, 섞는 사람도 있고, 섞지 않는 사람도 있어요. 저는 섞먹파이지만.

수지 카레를 섞지 않고 그대로 먹으면 그릇이 더러워지지 않아 좋아요.

마사키 그건 그렇네요. 근데 카레와 밥을 섞으면 밥이 부드러워져서 맛있거든요.

수지 그래요? 어떤 맛일지 궁금하네요.

마사키	한국은 섞어 먹는 문화라고 들은 적이 있는데, 어때요?
수지	비빔밥과 자장면은 반드시 섞어 먹고, 그리고 빙수를 섞어 먹는 사람도 있어요.
마사키	가키고오리(빙수) 말인가요? 한국 것은 과일이나 떡, 아이스크림 등이 토핑되어 있던데….
수지	잘 알고 있네요. 빙수는 섞으면 맛있어져요.
마사키	상상이 안 되지만, 한번 도전해보고 싶어요.
수지	섞어도, 섞지 않아도, 본인이 맛있다고 생각하는 방법이 제일이죠.

12 매일 운동하면 돼요.

마사키	수지 씨, 컨디션이 나빠 보이는데, 괜찮아요?
수지	네… 실은 지금 다이어트 중이라, 3일간 아무것도 먹지 않은 상태예요.
마사키	다이어트 중이라도 아무것도 안 먹으면, 건강에 좋지 않아요.
수지	요즘 과식해서 7킬로그램이나 살이 쪄버려서. 하, 너무 먹지 않았으면 좋았을 걸…. 어떻게 하면 좋을까요?
마사키	운동은 하고 있어요? 매일 운동하면 될 것 같아요.
수지	운동이 중요하다고 생각은 하는데, 체력이 없어서. 나이를 먹으면 먹을수록 체력이 점점 없어져요.
마사키	운동하면서 다이어트를 하면, 체력도 붙고 더 좋을 거예요.
수지	그렇네요. 앞으로 운동도 열심히 해볼게요. 아, 뭔가 좀 어지러워요. (쓰러짐)
마사키	수지 씨, 괜찮아요? 수지 씨!

〈몇 분 후, 휴게실에서〉

마사키	수지 씨, 괜찮아요? 여긴 휴게실이에요. 수지 씨가 갑자기 쓰러져서, 깜짝 놀랐어요. 아무것도 안 먹어서, 빈혈이 생긴 것 같아요.
수지	죄송해요.
마사키	부장님께 말했더니, 컨디션이 나쁘면 오늘은 조퇴를 해도 괜찮다고 했어요. 집에 돌아가서, 밥을 잘 먹고 쉬세요.

13 고양이에게 자주 장난을 당해요.

다나카	혹시, 셔츠 찢어지지 않았어요?
마사키	아, 진짜 그러네요. 눈치 못 채고 있었어요. 조금 찢어졌네요. 우리 집 고양이를 안고 있을 때 당한 걸지도 몰라요.
다나카	고양이에게 자주 장난(질)을 당해요?
마사키	전에는 안경을 떨어뜨리기도 하고, 최근에는 스마트폰을 고장 내기도 하고, 어제는 자고 있는데 침대로 들어와서 잠을 제대로 못 잤어요.
다나카	마사키 씨를 엄청 좋아하는 것 같네요. 저희 강아지도 꽤 개구쟁이에요.
마사키	강아지의 장난은 더 굉장할 것 같아요. 어떤 것을 당했어요?
다나카	온 집안의 가구를 씹었어요(가구가 물렸어요). 쿠션과 소파는 항상 깨물어대서(쿠션과 소파가 항상 씹혀있어서), 청소하는 것도 힘들어요.
마사키	새끼 강아지 때는 집에 있는 갖가지 물건이 물어뜯긴다고 들은 적이 있어요.
다나카	정말 그렇다니까요. 지금 가족들이 훈육을 하고 있는 참인데, 아직 시간이 더 걸릴 것 같아요. 어제는 부재중일 때 큰 소리로 짖었어요(짖어서 곤란했어요).
마사키	새끼 강아지나 새끼 고양이 때의 훈육이란 쉬운 게 아니죠. 그래도 좀 더 하면 자리 잡겠죠.

14 가능한 한 일찍 귀가하게 해요.

마사키	올해는 출장에 가게 된다거나, 야근하게 된다거나 하면서 힘들었지만, 오늘은 일에 관해서는 잊고 실컷 마셔봅시다.
사토	저도 마음껏 마시고 싶지만, 10시까지 집에 가야 해서, 슬슬 실례하겠습니다.
수지	통금인가요?
사토	네. 부모님이 아주 엄하셔서. '오늘만 12시까지 놀게 해주세요'라고 부탁해봤지만, 안 됐어요.
수지	무서운 일도 많으니까요. 부모님도 걱정이 되는 거겠죠.
마사키	저희 부모님은 저한테는 무관심하지만, 여동생에게는 가능한 일찍 귀가하게 해요.
사토	마사키 씨의 여동생분도 통금이 있나요?
마사키	여동생이 아직 대학생인데, 통금은 사토 씨와 같이 10시예요. 부모님은 통금 시간이 조금만 지나

도 계속 여동생에게 전화를 걸어서 '언제 들어오니?'라고 이야기해요.

사토 저희집도 완전히 똑같아요. (전화벨 소리)

아, 호랑이도 제 말 하면 온다더니, 엄마에게 전화가 왔네요. 그럼 저는 먼저 실례하겠습니다.

마사키 수지 씨네 부모님도 엄하세요?

수지 저희는 어릴 적부터 지금까지 통금이 없어요. 귀가가 늦어질 때는 전화 한 통 하면 돼요. 저희 부모님은 교육에 있어서는 엄격하셨지만, 그 외의 것에는 자유롭게 하도록 해주셨어요.

15 예전보다 자판기가 줄었다고 해요.

〈외근 중〉

마사키 오늘은 너무 무덥네요. 목이 바싹바싹 타요. 뭔가 마시지 않을래요?

수지 저도 목이 마르네요. 뭐 좀 마셔요. 저기에 자판기가 있어요.

마사키 이 캔 커피, 신상품이군요. 어떤 맛일지 궁금해요.

수지 그 커피, 요즘 인기라고 해요. 어디선가 들었어요.

마사키 그래요? 그럼, 저는 이걸로 할래요. 수지 씨는요?

수지 이 차도 좋아하고, 저 주스도 맛있고, 고민되네요... 그래도 오늘은 양이 가장 많은 이 차로 할래요.

마사키 (시원한 음료를 마시면서) 살았다.

수지 저도 좀 기운이 났어요. 그러고 보니 일본의 자판기는 뭐든 파네요. 예전에 술을 판매하는 자판기를 보고 놀랐어요.

마사키 술도 있고, 음료수도 있고, 아이스크림이나 담배 같은 것도 있어요.

수지 처음 봤을 때는 정말 놀랐어요. 근데 자판기에서 술이나 담배를 팔면 아이들이 구매해서 문제가 되지 않나요?

마사키 술이랑 담배는 신분증이 없으면 살 수 없게 되어 있어요.

수지 그렇다면 괜찮겠네요. 일본은 어딜 가도 자판기가 있는 인상이에요.

마사키 근데 예전에 텔레비전 방송에서 봤는데, 전보다 자판기 수가 줄었다고 해요.

16 빨리 화해를 하는 편이 좋아요.

수지 사토 씨, 요즘 기운이 없네요. 무슨 일 있었어요?

사토 실은 지난주 남자친구와 싸워버려서, 일주일 정도 남자친구한테 연락이 없거든요.

수지 그랬군요. 근데 왜 싸운 거예요?

사토 지난주 사귄 지 3주년 기념일이었는데, 남자친구가 까맣게 잊고 있어서. 그래서 제가 화를 내서, 남자친구도 기분이 안 좋아지고 싸움이 돼버렸어요. 아~ 그렇게 모질게 말하지 않았으면 좋았을 텐데, 라고 후회하고 있어요.

수지 그런 거라면, 연락을 해보면 어때요?

사토 알고 있는데, 제가 먼저 연락할 용기가 안 나서요.

수지 어서 화해하는 편이 좋을 것 같아요. 연락하지 않는 시간이 지나면 지날수록 더 연락하기 어려워지고 마니까요.

사토 그렇죠. 오늘 중에는 연락하도록 할게요.

수지 오늘 중이요? 지금 연락해 보는 게 어때요?

사토 음... 그래요! 지금 보내 볼게요!

〈며칠 후〉

수지 사토 씨, 요즘 신나 보여요. 남자친구분과 화해했어요?

사토 네, 화해했어요. 남자친구도 앞으로 중요한 날을 잊지 않도록 하겠다고 말해주었고, 저도 너무 화내지 않도록 노력해가겠다고 이야기했어요.

수지 그래요? 그것참 잘됐네요.

17 도깨비 탈을 준비해뒀어요.

다나카 내일은 절분이네요. 우리 집에서 같이 마메마키(콩 뿌리기)를 하지 않을래요?

수지 (그래도) 괜찮나요? 한번 해 보고 싶었어요.

다나카 우리집은 어린아이가 있어서 매년 마메마키를 하고 있어요. 마사키 씨도 초대해뒀으니까, 모두 함께해요.

수지 처음이라서 기대돼요. 오니(도깨비) 역은 누가 해요?

다나카 올해는 제가 오니 역할을 하기로 결정됐어요. 빨간 도깨비 탈을 준비 해뒀어요.

수지 그 외에 뭘 준비하면 될까요? 저도 도울게요.

다나카	에호마키는 이미 예약해뒀고, 콩도 사뒀고, 준비는 전부 해뒀어요. 다음 주 화요일, 저희 집으로 와주세요.

〈절분 날〉

수지・마사키	악귀는 밖으로, 복은 안으로.
다나카	그럼, 마메마키는 여기까지 하고, 콩을 먹읍시다.
마사키	수지 씨, 콩은 나이 수만큼 먹어야 해요. 그리고, 에호마키를 먹을 때는 한마디도 하면 안 돼요.
다나카	이쪽을 보면서 드세요.
수지	그쪽이요? (먹음) 잘 먹었습니다. 아주 맛있었어요.
마사키	이걸로 올해도 건강하게 보낼 수 있겠군요.

18 불러드릴 테니, 조금만 기다려주세요.

이시다	늘 신세 지고 있습니다. 전, 도와상사의 이시다라고 합니다만, 마츠모토 영업부장님은 계십니까?
접수처	영업부의 마츠모토 말씀이시죠? 실례지만, 약속은 하셨나요?
이시다	네, 오후 2시에 약속을 해뒀습니다.
접수처	알겠습니다. 지금 불러드릴 테니, 잠시 기다려주세요.
접수처	죄송합니다. 마츠모토는 지금 자리를 비웠고, 앞으로 10분 정도면 복귀라서 이쪽에 앉아서 기다려주세요.
이시다	알겠습니다.
접수처	마실 것을 드릴게요. 이시다 님, 음료는 뭘 드시겠습니까?
이시다	그럼, 커피, 블랙으로 부탁드립니다.

〈10분 후〉

마츠모토	오래 기다리셨죠. 마츠모토 부장입니다.
이시다	처음 뵙겠습니다. 도와상사의 이시다라고 합니다. 만나 뵙게 되어 영광입니다.
마츠모토	저야말로. 특별히 와주셔서 감사합니다.
이시다	저희 회사의 상품에 대해, 문의주셔서 감사합니다. 팸플릿을 보신 것 같습니다만, 주문을 생각하고 계신가요?
마츠모토	네. 팸플릿을 봤습니다. 주문하고 싶다고 생각하고 있어요(주문을 고려하고 있어요).

이시다	감사합니다. 잘 부탁드리겠습니다.

답안

01 一緒に花火を見に行きませんか。

練習しましょう

1

① 公園へ子供と遊びに行きます。

② カフェへコーヒーを飲みに行きます。

③ 海へ泳ぎに行きます。

④ 図書館へ本を読みに行きます。

⑤ コンビニへ飲み物を買いに行きます。

⑥ デパートへ買い物に行きます。

⑦ 済州島へ山に登りに行きます。

⑧ 日本へ旅行に行きます。

2

① 映画を見に行き

　いいですね。行きましょう

② そこで休み

　少し休み

③ ボウリングをし

　すみません。今日は約束があるんです

④ 食事に行き

　みんなに話してみ

3

① エアコンを消しましょうか。

② 荷物を持ちましょうか。

③ 写真を撮りましょうか。

④ 道を教えましょうか。

4

① A　そのかばんは使いやすいですか。

　B　ポケットが多くて使いやすいです。

　B　小さくて使いにくいです。

② A　そのスニーカーは歩きやすいですか。

　B　軽くて歩きやすいです。

　B　重くてちょっと歩きにくいです。

③ A　そのイスは座りやすいですか。

　B　クッションがあって座りやすいです。

　B　高くて座りにくいです。

④ A　その本は読みやすいですか。

　B　絵が多くて読みやすいです。

　B　内容が難しくて読みにくいです。

5

① まで

② までに

③ までに

④ まで

⑤ までに

⑥ まで

⑦ までに

02 コスプレサミットというイベント を知っていますか。

練習しましょう

①
❶ A パクさんは何をしていますか。
   B ベンチで新聞を読んでいます。
❷ A イさんと佐藤さんは何をしていますか。
   B ベンチで話しています。
❸ A チェさんは何をしていますか。
   B 木の下で寝ています。
❹ A ホンさんは何をしていますか。
   B 写真を撮っています。
❺ A 鈴木さんは何をしていますか。
   B （音楽を聴きながら）踊っています／ダンスを
   しています。
❻ A 中山さんは何をしていますか。
   B （ギターを弾きながら）歌っています。
❼ A カンさんは何をしていますか。
   B テーブルでタバコを吸っています。
❽ A 木村さんは何をしていますか。
   B （歩きながら）電話をかけています。
❾ A 田中さんは何をしていますか。
   B 絵を描いています。
❿ A 高橋さんは何をしていますか。
   B 犬の散歩をしています／犬と一緒に散歩をし
   ています。

②
❶ A あの黒いワンピースを着て、ハイヒールを履
   いている人は誰ですか。
   B パクさんです。
❷ A あの青いスーツを着て、メガネをかけている
   人は誰ですか。
   B ネクタイをしている人ですか。
   A はい。
   B イさんです。
❸ A あの白いマスクをして、黄色い帽子をかぶっ
   ている人は誰ですか。
   B カンさんです。
❹ A あのかばんを持ってスカートを履いている人
   は誰ですか。
   B 制服を着ている人ですか。
   A はい。
   B 田中さんです。
❺ A 茶色いジャケットを着ている人は誰ですか。
   B サングラスをかけている人ですか。
   A いいえ、アクセサリーをたくさんしている人で
   す。
   B チェさんです。

③
❶ A どこで何がしてみたいですか。
   B 北海道で雪まつりに行ってみたいです。
❷ A どこで何がしてみたいですか。
   B 東京で東京タワーを見てみたいです。

❸ A どこで何がしてみたいですか。

B 静岡で富士山に登ってみたいです。

❹ A どこで何がしてみたいですか。

B 京都で清水寺(お寺)に行ってみたいです。

❺ A どこで何がしてみたいですか。

B 大阪でグリコ(の前)で写真を撮ってみたいで
す。

❻ A どこで何がしてみたいですか。

B 福岡でおいしいものを食べてみたいです。

❼ A どこで何がしてみたいですか。

B 沖縄の海で泳いでみたいです。

4

❶ 店員 いらっしゃいませ。

客 このジーンズ、履いてみてもいいですか。

店員 はい、こちらでどうぞ。

店員 どうですか。

客 とても楽です。

❷ 店員 いらっしゃいませ。

客 この帽子、かぶってみてもいいですか。

店員 はい、こちらでどうぞ。

店員 どうですか。

客 とても素敵です。

❸ 店員 いらっしゃいませ。

客 このパソコン、使ってみてもいいですか。

店員 はい、どうぞ。

店員 どうですか。

客 とても便利です。

❹ 店員 いらっしゃいませ。

客 この腕時計、してみてもいいですか。

店員 はい、どうぞ。

店員 どうですか。

客 とてもいいです。

❺ 店員 いらっしゃいませ。

客 食べてみてもいいですか。

店員 はい、どうぞ。

店員 どうですか。

客 とてもおいしいです。

❻ 店員 いらっしゃいませ。

客 この車、乗ってみてもいいですか。

店員 はい、どうぞ。

店員 どうですか。

客 とてもかっこいいです。

5

❶ A 昼ご飯を食べに行きませんか。

B この書類をコピーしてしまいますから、お先
にどうぞ。

❷ A お茶を飲みに行きませんか。

B この資料を作ってしまいますから、お先にど
うぞ。

❸ A 一緒に帰りませんか。

B 明日の出張の準備をしてしまいますから、お
先にどうぞ。

❹ A 休憩しませんか。

B 部長にメールを送ってしまいますから、お先
にどうぞ。

6

❶ A どうしたんですか。

B 財布を落としてしまったんです。

A それは大変ですね。警察に行った方がいい
ですよ。

❷ A どうしたんですか。

B 道に迷ってしまったんです。

A それは大変ですね。ケータイで地図を見た方がいいですよ。

❸ **A** どうしたんですか。

B 大事なメッセージを消してしまったんです。

A それは大変ですね。相手に連絡した方がいいですよ。

❹ **A** どうしたんですか。

B 乗る電車を間違えてしまったんです。

A それは大変ですね。一度戻った方がいいですよ。

❺ **A** どうしたんですか。

B ケガをしてしまったんです。

A それは大変ですね。病院に行った方がいいですよ。

❻ **A** どうしたんですか。

B (友達の)秘密をしゃべってしまったんです。

A それは大変ですね。友達にあやまった方がいいですよ。

03 京都に行ったことがあります。

練習しましょう

1

❶ **A** テストで0点を取ったことがありますか。

B はい、あります。高校のとき、数学のテストで0点を取りました。

B いいえ、一度も取ったことがありません。

❷ **A** 一人で旅行に行ったことがありますか。

B はい、あります。前に一人で日本に行ったことがあります。

B いいえ、一度も行ったことがありません。

❸ **A** 外国人と話したことがありますか。

B はい、あります。会社に外国人の社員がいるのでよく話します。

B いいえ、一度も話したことがありません。

❹ **A** 財布をなくしたことがありますか。

B はい、あります。旅行中に財布をなくして困ったことがあります。

B いいえ、一度もなくしたことがありません。

❺ **A** 日本で旅館に泊まったことがありますか。

B はい、あります。家族と一緒に旅館に泊まりましたが、とてもよかったです。

B いいえ、一度も泊まったことがありません。

❻ **A** 骨が折れたことがありますか。

B はい、あります。運動中にケガをして足の骨を折りました。

B いいえ、一度も骨を折ったことがありません。

❼ **A** オバケを見たことがありますか。

B はい、あります。夜にオバケを見て本当にびっくりしました。

B いいえ、一度も見たことがありません。

2

❶ **A** 小学校時代どうだった?

B 運動が大好きだった。勉強が好きだった。よく友達と遊んでおもしろかった。

❷ **A** 中学時代どうだった?

B サッカー部だった。成績が悪かった。勉強が苦手だったけど、運動が得意だった。授業中、よく寝た。

❸ A 高校時代どうだった？

B 静かで真面目だった。塾が好きじゃなかった。頭がよかった。夜遅くまで勉強した。

❹ A 大学時代どうだった？

B いろいろな友達がいて楽しかった。アルバイトが大変だった。就活で忙しかった。授業をよくサボった。

3

❶ ある

❷ 暇な

❸ 若かった

❹ 行った

❺ 風邪の

❻ 話している

❼ 眠い

4

❶ 朝起きたばかりですから、まだ体が軽いです。
朝起きたばかりですけど、眠いです。

❷ 昨日会ったばかりですから、どんな人かまだよくわかりません。
昨日会ったばかりですけど、もう友達になりました。

❸ 習ったばかりですから、よくわかります。
習ったばかりですけど、もう忘れました。

❹ 彼女に振られたばかりですから、まだ寂しいです。
彼女に振られたばかりですけど、もう合コンに行きました。

❺ 給料をもらったばかりですから、まだお金があります。
給料をもらったばかりですけど、もうお金がないです。

❻ 買ったばかりですから、まだ新しいです。
買ったばかりですけど、もう汚れました。

04 楽な服で来てもいいですよ。

練習しましょう

1

❶ ⓐ A 公園でペットのリードを外してもいいですか。

B 犬が嫌いな人もいるので、ペットのリードを外してはいけません。

ⓑ A 公園で食べ物を食べてもいいですか。

B はい、食べ物を食べてもいいです。

ⓒ A 公園で自転車に乗ってもいいですか。

B いいえ、道が狭いので、自転車に乗ってはいけません。

❷ ⓐ A 図書館でおしゃべりをしてもいいですか。

B いいえ、みんなの迷惑になるので、おしゃべりをしてはいけません。

ⓑ A 図書館で飲み物を飲んでもいいですか。

B はい、ふたがある飲み物は飲んでもいいです。

ⓒ A 図書館で電話をかけてもいいですか。

B いいえ、うるさいので、電話をかけてはいけません。

2

❶ A 会社を7日以上休んでもいいですか。

　B はい、うちの会社は自由な雰囲気の会社なので7日以上休暇を取って休んでもいいです。

　B いいえ、みんなの迷惑になりますから、長く休んではいけません。

❷ A 夜遅く家に帰ってもいいですか。

　B はい、うちは門限がないですから、夜遅く家に帰ってもいいです。

　B いいえ、家族が心配しますから、夜遅く家に帰ってはいけません。

❸ A 彼氏・彼女が遠くに住んでいてもいいですか。

　B はい、私は時間もたくさんあって車もありますから、遠くに住んでいてもいいです。

　B いいえ、私は彼氏・彼女によく会いたいですから、遠くに住んでいてはいけません。

❹ A 自分のやりたい仕事ができるけど、給料が安くてもいいですか。

　B はい、やりたい仕事ができたら給料が安くてもいいです。

　B いいえ、お金が必要ですから、給料が安くてはいけません。

❺ A 住む場所はとても静かな場所ですが、交通が不便でもいいですか。

　B はい、私は静かな場所が好きですから、交通が不便でもいいです。

　B いいえ、毎日通勤が大変ですから、交通が不便ではいけません。

❻ A 娘・息子が勉強をしないで遊んでもいいですか。

　B はい、子供のときは元気に遊ぶのが大事だと思いますから、勉強をしないで遊んでもいいです。

　B いいえ、明日試験がありますから、勉強をしないで遊んではいけません。

3

❶ A お正月は家族全員集まらなければなりませんか。

　B はい、一年に一回ですから、家族全員集まらなければなりません。

　B いいえ、忙しい人もいますから、家族全員集まらなくてもいいです。

❷ A 会社で残業しなければなりませんか。

　B はい、毎日仕事が多いですから、残業しなければなりません。

　B いいえ、仕事が終われば、残業しなくてもいいです。

❸ A 自分の部屋が広くなければなりませんか。

　B はい、私は狭いところが嫌いですから、広くなければなりません。

　B いいえ、家具があまりないですから、広くなくてもいいです。

❹ A 家族に誕生日プレゼントをあげなければなりませんか。

　B はい、あげないとがっかりするから、あげなければなりません。

　B いいえ、お金がないときはあげなくてもいいです。

❺ A 新婚旅行は海外じゃなければなりませんか。

　B はい、飛行機に乗りたいですから、海外じゃなければなりません。

B いいえ、国内にもいい場所がたくさんありますから、海外じゃなくてもいいです。

4

① 勉強しないでゲームをします。

② ご飯を食べないでパンを食べます。

③ ネクタイを締めないで会社へ行きます。

④ メガネをかけないで本を読みます。

⑤ 電気を消さないで寝ます。

⑥ バスに乗らないで歩いて行きます。

5

① バスが来なくて

② 醤油をかけないで

③ 傘を持たないで

④ 親切じゃなくて

⑤ 無理をしないで

⑥ 上手にできなくて

⑦ 具合がよくなくて

⑧ ジュースじゃなくて

05 子供たちが遊園地に行きたがっています。

練習しましょう

1

① **A** 子供にバイトをしてほしいですか。

B はい、いろいろな経験をした方がいいからバイトをしてほしいです。

B いいえ、勉強をしてほしいからバイトをしないでほしいです（してほしくないです）。

② **A** 旅行に行く友達にお土産を買ってきてほしいですか。

B はい、珍しいものが多いからお土産を買ってきてほしいです。

B いいえ、私も友達のお土産を買わないからお土産を買ってこないでほしいです（買ってきてほしくないです）。

③ **A** 明日は晴れてほしいですか。

B はい、明日はキャンプに行くから晴れてほしいです。

B いいえ、明日のキャンプに行きたくないから晴れないでほしいです（晴れてほしくないです）。

④ **A** お母さんに朝起こしてほしいですか。

B はい、朝起きるのが苦手だから起こしてほしいです。

B いいえ、一人で起きられるから起こさないでほしいです（起こしてほしくないです）。

2

① まさきさんはとんかつを食べたがっています。

② まさきさんは海に行きたがっています。

③ まさきさんは痛がっています。

④ まさきさんは彼女をほしがっています。

⑤ まさきさんは運動を嫌がっています。

⑥ まさきさんは犬を怖がっています。

⑦ まさきさんは暑がっています。

3

① あるので

② 休みなのに

③ 元気だったので

④ 寝られなかったので

⑤ 買ったばかりなのに

4

① 英語の本が読めます

英語が全然話せません

② プレゼントを買って帰るつもりです

プレゼントを用意しませんでした

③ ジュースが出てきました

商品が出てきません

④ 料理を作っていた

⑤ ここは滑りやすい

06 スマホで何でもできるようになりました。

練習しましょう

1

① A ストレスが溜まると、どうなりますか。

B 頭が痛くなります。それに具合が悪くなります。

② A 結婚すると、どうなりますか。

B 幸せになります。そして料理や家事が上手になります。

③ A 彼氏・彼女と別れると、どうなりますか。

B 悲しくなります。そしてお酒が飲みたくなります。

④ A 秋になると、どうなりますか。

B 涼しくなります。紅葉が見られるようになります。

⑤ A 冬になると、どうなりますか。

B 寒くなります。外に出たくなくなります。

⑥ A 仕事を辞めると、どうなりますか。

B 自由になりますが、生活が大変になります。

2

① 悪くなっていく

② 難しくなってきました

③ 高くなってきて

上がっていく

④ 痛くなってきました

⑤ 増えてきました

増えていく

3

① A 本を読みすぎて、目が痛いです。

B それは大変ですね。少しの間、本を読まない方がいいですよ。

② A 無理をしすぎて、倒れそうです。

B それは大変ですね。少し休んだ方がいいですよ。

③ A 隣の家がうるさすぎて、寝られません。

B それは大変ですね。隣の家の人に話した方がいいですよ。

④ A 家賃が高すぎて、住めません。

B それは大変ですね。新しい家を探した方がいいですよ。

⑤ A ズボンが長すぎて、歩きにくいです。

B それは大変ですね。ズボンを切った方がいいですよ。

⑥ A 説明書が複雑すぎて、わかりません。

B それは大変ですね。誰かに聞いてみた方がいいですよ。

4

❶ ことになりました

❷ ことにしました

❸ ことになっています

❹ ことにしました

❺ ことになっています

07 義理チョコをあげます。

練習しましょう

1

❶ A 素敵な時計ですね。

B そうですか。父にもらいました。／父がくれました。

❷ A 素敵なネックレスですね。

B そうですか。彼氏にもらいました。／彼氏がくれました。

❸ A 素敵なスカーフですね。

B そうですか。夫にもらいました。／夫がくれました。

❹ A 素敵なかばんですね。

B そうですか。母にもらいました。／母がくれました。

2

❶ 友達は私に腕時計をくれました。

私は友達に腕時計をもらいました。

❷ (私の)妹は友達にチョコレートをあげました。

❸ 友達は(私の)妹に花束をくれました。

(私の)妹は友達に花束をもらいました。

❹ 私は(私の)妹に自転車をあげました。

❺ (私の)妹は私に手帳をくれました。

私は(私の)妹に手帳をもらいました。

❻ 私は先生にサプリメントをさしあげました。

❼ 先生は私に手紙をくださいました。

私は先生に手紙をいただきました。

3

❶ 友達は私にマンガを貸してくれました。

私は友達にマンガを貸してもらいました。

❷ (私の)妹は友達に歌を歌ってあげました。

❸ 友達は(私の)妹に本を読んでくれました。

(私の)妹は友達に本を読んでもらいました。

❹ 私は(私の)妹に料理を作ってあげました。

❺ (私の)妹は私に絵を描いてくれました。

私は(私の)妹に絵を描いてもらいました。

❻ 私は先生の本を運んでさしあげました。

❼ 先生は私にいい話をしてくださいました。

私は先生にいい話をしていただきました。

4

❶ もらいました

❷ くれた

❸ いただい

❹ やりました

❺ さしあげました

08 着物を着ている人が見えますね。

練習しましょう

1

❶ A 泳げますか。

　 B はい。100メートルぐらいは泳げます。

❷ A 外国語が話せますか。

　 B はい。英語は話せませんが、日本語なら少し話せます。

❸ A お酒が飲めますか。

　 B はい。ビールなら飲めますが、焼酎は飲めません。

❹ A 料理が作れますか。

　 B はい。簡単な料理なら作れます。

❺ A ギターが弾けますか。

　 B いいえ、全然弾けません。

❻ A 家まで歩いて帰れますか。

　 B いいえ、家が遠いですから家まで歩いて帰れません。

❼ A 日本料理が何でも食べられますか。

　 B すしは食べられますが、納豆は食べられません。

❽ A 日本のドラマが字幕なしで見られますか。

　 B いいえ、字幕なしではまだ見られません。

2

❶ A どこで荷物が送れますか。

　 B 郵便局やコンビニで送れます。

❷ A どこで韓服が着られますか。

　 B 景福宮などの観光地で着られます。

❸ A いつ雪岳山に登れますか。

　 B 6月から2月まで登れます。

❹ A いつから海雲台で泳げますか。

　 B 6月1日から泳げます。

❺ A 何時まで買い物ができますか。

　 B 午後8時までできます。

❻ A どのくらい本が借りられますか。

　 B 2週間借りられます。

3

❶ A 字が小さくて見えないですね。

　 B そうですね。もう少し前に座りましょう。

❷ A 問題が難しくてわからないですね。

　 B そうですね。先生に聞いてみましょう。

❸ A 本が大きくて(かばんに)入らないですね。

　 B そうですね。他のかばんに入れましょう。

❹ A 外がうるさくて聞こえないですね。

　 B そうですね。注意しましょう。

4

❶ 風邪を引かないように、暖かくしてください

❷ 日本人の友達ができるように、日本語を勉強しておいてください

❸ 遅刻しないように、少し早めに出かけるようにしてください

❹ 道を間違えないように、地図のアプリで確認するようにしてください

❺ 彼氏・彼女に振られないように、彼氏・彼女に優しくしてください

❻ 緊張しないように、しっかり準備をしてください／上手く話せるように、しっかり練習をしてください

5

❶ A もう病院に行きましたか。

   B はい、もう行きました。／いいえ、まだ行って
いません。

❷ A もうアバター(映画の名前)を見ましたか。

   B はい、もう見ました。／いいえ、まだ見ていま
せん。

❸ A もう昼ご飯を食べましたか。

   B はい、もう食べました。／いいえ、まだ食べて
いません。

❹ A もう大学を卒業しましたか。

   B はい、もう卒業しました。／いいえ、まだ卒業
していません。

❺ A もう両親の日のプレゼントを買いましたか。

   B はい、もう買いました。／いいえ、まだ買って
いません。

❻ A もうオリンピックのニュースを見ましたか。

   B はい、もう見ました。／いいえ、まだ見ていま
せん。

❼ A もうインフルエンザの注射を打ちましたか。

   B はい、もう打ちました。／いいえ、まだ打って
いません。

❽ A もう夏休みの計画を立てましたか。

   B はい、もう立てました。／いいえ、まだ立てて
いません。

09 あのお相撲さんが勝ちそうです。

練習しましょう

1

❶ A あの料理、辛そうです。

   B そうですか。辛くなさそうですよ。

❷ A 田中さん、真面目そうです。

   B そうですか。真面目じゃなさそうですよ。

❸ A あの人、お金がなさそうです。

   B そうですか。ありそうですよ。

❹ A この本、難しそうです。

   B そうですか。難しくなさそうですよ。

❺ A 彼、お腹が痛そうです。

   B そうですか。痛くなさそうですよ。

❻ A 彼女、冷たそうです。

   B そうですか。冷たくなさそうですよ。

❼ A 今回の試験、簡単そうです。

   B そうですか。簡単じゃなさそうですよ。

❽ A あのお客さん、お金が多そうです。

   B そうですか。多くなさそうですよ。

2

❶ 終わりそうです

❷ 緊張しそうです

❸ 読めそうに(も)ありません

❹ 受かりそうです

❺ 間に合いそうに(も)ありません

3

❶ お腹が空いたみたいですね。

❷ 忙しいみたいですね。

❸ 熱があるみたいですね。

❹ 試験に落ちたみたいですね。

⑤ 留守のようですね。

① ⓑのよう

② ⓑよう

③ ⓒ引いたみたい

④ ⓐ治りそう

⑤ ⓑみたい

⑥ ⓒしているよう

10 新しい趣味を始めようと思っています。

練習しましょう

1

① 春にはピクニックをしようと思っています。
春にはピクニックをするつもりです。

② 春には山に登ろうと思っています。
春には山に登るつもりです。

③ 春には新しい趣味を始めようと思っています。
春には新しい趣味を始めるつもりです。

④ 夏にはビアガーデンでビールを飲もうと思っています。
夏にはビアガーデンでビールを飲むつもりです。

⑤ 夏には海で泳ごうと思っています。
夏には海で泳ぐつもりです。

⑥ 夏には浴衣を着ようと思っています。
夏には浴衣を着るつもりです。

⑦ 秋には紅葉を見に行こうと思っています。
秋には紅葉を見に行くつもりです。

⑧ 秋にはおいしい食べ物を食べようと思っています。
秋にはおいしい食べ物を食べるつもりです。

⑨ 秋には本を読もうと思っています。
秋には本を読むつもりです。

⑩ 冬には雪だるまを作ろうと思っています。
冬には雪だるまを作るつもりです。

⑪ 冬には宝くじを買おうと思っています。
冬には宝くじを買うつもりです。

⑫ 冬にはセーターを編もうと思っています。
冬にはセーターを編むつもりです。

2

4月2日火曜日（4月9日火曜日・4月16日火曜日）は、午後6時から7時は韓国語の授業を受ける予定です。

4月4日木曜日は、歯医者で虫歯治療を受ける予定です。

4月6日土曜日は、中村さんとキムさんの結婚式に行く予定です。

4月10日水曜日は、給料日なので、友達と飲み会の予定です／友達と飲み会をする予定です。

4月17日水曜日は、午前10時にパク社長が来日するので、空港までお出迎えする予定です。

4月19日金曜日は、午後3時にパク社長が帰国するので、空港までお見送りする予定です。

4月21日日曜日は、韓国語能力試験を受ける予定です。

4月24日水曜日から4月25日木曜日までは、出張で大阪に行く予定です。

4月26日金曜日は、会社を休む予定です／休暇を取る予定です。

4月27日土曜日は、友達と日帰り旅行をする予定
です。

3

❶ 予定

❷ つもり

❸ つもり

❹ 予定

❺ つもり

❻ 予定

❼ つもり

❽ 予定

4

❶ A あ、学生がお弁当を食べようとしています。
  B そうですね。まだ昼休みじゃないですから注
    意した方がいいですね。

❷ A あ、子供が壁に落書きをしようとしています。
  B そうですね。人の家ですから注意した方がい
    いですね。

❸ A あ、高校生がタバコを吸おうとしています。
  B そうですね。未成年ですから注意した方がい
    いですね。

❹ A あ、子供が横断歩道を渡ろうとしています。
  B そうですね。赤信号ですから注意した方がい
    いですね。

❺ A あ、あの人、写真を撮ろうとしています。
  B そうですね。ここは美術館ですから注意した
    方がいいですね。

❻ A あ、男の人が壁にポスターを貼ろうとしてい
    ます。
  B そうですね。迷惑ですから注意した方がいい
    ですね。

❼ A あ、あの人、電話に出ようとしています。
  B そうですね。映画館ですから注意した方がい
    いですね。

❽ A あ、あの人、音楽を聞こうとしています。
  B そうですね。赤ちゃんが寝ていますから注意
    した方がいいですね。

11 混ぜると、もっとおいしくなりま
すよ。

練習しましょう

1

❶ A もし一万円を拾ったら、どうしますか。
  B 私は一万円を拾ったら、警察に届けます。
  B 私は一万円を拾っても、警察に届けないと思
    います。

❷ A もし店の料理がまずかったら、どうしますか。
  B 私は店の料理がまずかったら、全部食べない
    で帰ると思います。
  B 私は店の料理がまずくても、全部食べると思
    います。

❸ A もし一週間暇だったら、どうしますか。
  B 私は一週間暇だったら、旅行に行きます。
  B 私は一週間暇でも、どこにも行かないで休み
    ます。

❹ A もし先生の話が長かったら、どうしますか。
  B 私は先生の話が長かったら、寝るかもしれま
    せん。
  B 私は先生の話が長くても、ちゃんと聞きます。

⑤ A もしお金持ちだったら、どうしますか。

B 私はお金持ちだったら、ほしいものを全部買うと思います。

B 私はお金持ちでも、お金を使わないで貯金すると思います。

⑥ A もし魔法が使えたら、どうしますか。

B 私は魔法が使えたら、時間を戻すと思います。

B 私は魔法が使えても、時間を戻さないと思います。

⑦ A 道で昔の恋人に会ったら、どうしますか。

B 私は道で昔の恋人に会ったら、あいさつします。

B 私は道で昔の恋人に会っても、あいさつしません。

⑧ A もし友達の服が変だったら、どうしますか。

B もし友達の服が変だったら、友達に変だと話すと思います。

B もし友達の服が変でも、話さないと思います。

2

① ボタンを押すと、ドアが開きます。

② 窓を開けると、海が見えます。

③ 冬になると、寒くなります。

④ 恥ずかしいと、顔が赤くなります。

⑤ 人気者だと、疲れます。

⑥ ストレスが溜まると、甘い物が食べたくなります。

⑦ 太ると、今の服が着られなくなります。

⑧ 踊ると、気分がよくなります。

3

① 借りた

② 生の

③ 壊れた

④ しない

⑤ 高い

⑥ つけた

⑦ 不安な

4

① エアコンをつけたまま、家を出ています。

② くつを履いたまま、家に入っています。

③ 立ったまま、ご飯を食べています。

④ 口を開けたまま、話を聞いています。

⑤ メガネをかけたまま、顔を洗っています。

⑥ 値札を取らないまま、服を着ています。

12 毎日運動すればいいですよ。

練習しましょう

1

① 終われば

② 交通が便利なら(ば)

③ 天気がよければ

④ 許可がなければ

⑤ 簡単な曲なら(ば)

⑥ どうすれば

電話をかければ

2

① A パソコンが壊れたので、新しいパソコンを買いたいんですが…。

B パソコンなら、軽いものがおすすめです。私なら来月の新商品を待ちます。

❷ **A** 外国語を習いたいんですが…。

B 外国語なら、日本語がおすすめです。韓国語と文法が似ているので、勉強しやすいですよ。

❸ **A** おいしいパンが食べたいんですが…。

B おいしいパンなら、大田がおすすめです。有名なパン屋がありますよ。

❹ **A** 韓国の映画が見たいんですが…。

B 韓国映画なら、「寄生虫」がおすすめです。

❺ **A** スキー・スノーボードをしたいんですが…。

B スキー・スノーボードなら、江原道がおすすめです。冬には雪がたくさん降りますよ。

3

❶ 年を取れば取るほど疲れやすくなると思います。

❷ 給料が高ければ高いほどいいと思います。

❸ 野菜は新鮮なら新鮮なほどおいしいと思います。

❹ 恋人と仲がよければよいほど幸せだと思います。

❺ 外国語は話せば話すほど上手になると思います。

❻ 芸能人は人気であれば人気であるほど仕事が増えると思います。

4

❶ もっと早く家を出ればよかった。

❷ 一所懸命勉強すればよかった。

❸ 傘を持ってくればよかった。

❹ ケンカをしなければよかった。／あの言葉を言わなければよかった。

❺ 冷たいものを食べなければよかった。

❻ 告白すればよかった。

5

❶ あまりおいしくなかった

❷ 風邪を引いたらしい

❸ 日本語の勉強

先生

いい本を紹介し

❹ ケータイが壊れた

店

新しいものを買った方がいいと言われた

13 よく猫にいたずらをされるんです。

練習しましょう

1

❶ **A** 先生にほめられたことがありますか。

B はい、テストでいい点を取ってほめられました。

B いいえ、一度もほめられたことがないです。

❷ **A** 財布を盗まれたことがありますか。

B はい、旅行中盗まれたことがあります。

B いいえ、一度も盗まれたことがないです。

❸ **A** 先生に怒られたことがありますか。

B はい、遅刻をして怒られたことがあります。

B いいえ、一度も怒られたことがないです。

❹ **A** 友達に笑われたことがありますか。

B はい、転んで笑われたことがあります。

B いいえ、一度も笑われたことがないです。

❺ **A** 告白されたことがありますか。

B はい、学生のとき告白されたことがあります。

B いいえ、一度も告白されたことがないです。

⑥ A 名前を間違われたことがありますか。

B はい、私の名前は読みにくいので間違われたことがあります。

B いいえ、一度も間違われたことがないです。

⑦ A 詐欺に遭ったことがありますか。

B はい、電話で詐欺に遭ったことがあります。

B いいえ、一度も詐欺に遭ったことがないです。

⑧ A 殴られたことがありますか。

B はい、ケンカをして殴られたことがあります。

B いいえ、一度も殴られたことがないです。

2

❶ A 妹にケーキを食べられて、気分が悪かったです。

B それは注意した方がいいですよ。

❷ A 子供に泣かれて、寝られませんでした。

B 今日はゆっくり休んだ方がいいですよ。

❸ A 犬に噛まれて、痛かったです。

B 病院に行った方がいいですよ。

❹ A 子供にケータイを壊されて、困りました。

B 新しいものを買った方がいいですよ。

❺ A 同僚に休まれて、忙しかったです。

B 今日は家でゆっくり休んだ方がいいですよ。

❻ A 隣の席の人に騒がれて、迷惑でした。

B それは他の席に座った方がいいですよ。

3

❶ A この建物はいつ建てられましたか。

B 4年前に建てられました。

❷ A ハングルはいつ作られましたか。

B 1443年に作られました。

❸ A その本は誰に読まれましたか。

B この本は世界中の人に読まれました。

❹ A この絵は誰に描かれましたか。

B その絵は有名な画家によって描かれました。

❺ A そのかばんはどこで売られていますか。

B このかばんはデパートで売られています。

❻ A その商品はいつ発売されますか。

B この商品は来月に発売される。

4

❶ 木村さんはスマホを見てばかりいます。

❷ 弟は毎朝、寝坊してばかりいます。

❸ 妹はコップを割ってばかりいます。

❹ 子供は部屋を散らかしてばかりいます。

❺ 森さんは先生に怒られてばかりいます。

❻ 私は車をぶつけてばかりいます。

5

❶ コピーを取っている

❷ 出かける

❸ 友達が遊びに来ている

❹ 帰った

❺ している

❻ 旅行に行く

14 なるべく早く帰らせています。

練習しましょう

1

❶ 私は妹を泣かせました。

❷ 先生は学生を走らせました。

❸ 部長は課長を会議に出席させました。

❹ 母は私に家事を手伝わせました。

❺ 母は私を塾に通わせました。

⑥ 部長は課長にファイルを持ってこさせました。

⑦ 先生は学生に作文を書かせました。

⑧ 母は私に部屋を片付けさせました。

2

❶ A 両親に勉強させられましたか。

　 B はい、勉強させられました。

　 B いいえ、私の両親は教育に厳しくなかったので、勉強させられませんでした。

❷ A お母さんに家事を手伝わされましたか。

　 B はい、手伝わされました。

　 B いいえ、学生のとき忙しかったので、家事を手伝わされませんでした。

❸ A 先生に毎日漢字を覚えさせられましたか。

　 B はい、毎日覚えさせられました。

　 B いいえ、先生は楽しく勉強するのが大事だと思ったので、毎日漢字を覚えさせられませんでした。

❹ A 先輩にお酒を飲まされましたか。

　 B はい。飲まされました。

　 B いいえ、お酒に弱いですと言ったら、飲まされませんでした。

❺ A 先輩に (カラオケで) 歌を歌わされましたか。

　 B はい、歌わされました。

　 B いいえ、歌が下手なので、歌わされませんでした。

❻ A 上司に出張に行かされましたか。

　 B はい、出張に行かされました。

　 B いいえ、仕事が忙しいので、行かされませんでした。

❼ A 上司に週末、会社に来させられましたか。

　 B はい、週末、会社に来させられました。

　 B いいえ、週末は休みなので、来させられませんでした。

❽ A 先生に反省文を書かされましたか。

　 B はい、書かされました。

　 B いいえ、悪いことをしなかったので、書かされませんでした。

3

❶ 仕事が終わったので、帰らせていただきます。

❷ 新しい仕事にチャレンジしたいので、会社を辞めさせていただきます。

❸ 台風が来るので、スポーツ大会を延期させていただきます。

❹ 工事をするので、休業させていただきます。

4

❶ 11時まで遊ばせてください。

❷ ソウルを案内させてください。

❸ 彼女と結婚させてください。

❹ 社長に会わせてください。

15 前より自販機が減ったそうですよ。

練習しましょう

1

❶ テレビによると、最近の子供たちは疲れているそうです。

❷ ニュースによると、昨日の地震は大きかったそうです。

❸ 先生によると、キムさんはインフルエンザにかかったそうです。

④ パクさんによると、パクさんの弟さんはゲームが大好きだそうです。

⑤ 本によると、昔、あの川はとても汚かったそうです。

⑥ 校長先生によると、来年から学校の制服が変わるそうです。

⑦ 中山さんによると、中山さんのお母さんは看護師だったそうです。

2

① 新入社員は仕事ができるらしいです。

② キムさんのお父さんは偉い人らしいです。

③ 山田さんは転職を考えているらしいです。

④ 林先生は前は学生にとても厳しかったらしいです。

⑤ パクさんは大学生のとき、有名だったらしいです。

⑥ 部長と木村さんは付き合っていたらしいです。

3

上田さんは自分の発表が上手だと思っています。

キムさんはおもしろくないと思っています。

チェさんはとてもいい話だと思っています。

田中さんはゲームが楽しいと思っています。

山田さんはチェさんがかっこいいと思っています。

佐藤さんは話が難しいと思っています。

社長は話が長いと思っています。

部長は田中さんが真面目じゃないと思っています。

4

① A あの映画はどんな映画ですか。

　 B あの映画は最近人気だし、有名な俳優も出ているし、それにおもしろいと思います。

② A あの会社はどんな会社ですか。

　 B あの会社は休みも少ないし、イメージも悪いし、それに給料も低いと思います。

③ A あのホテルはどんなホテルですか。

　 B あのホテルは朝食もおいしいし、プールもあるし、それに人気もあると思います。

④ A このカフェはどんなカフェですか。

　 B そのカフェはSNSでよく見かけるし、いつもにぎやかだし、それにコーヒーもおいしいと思います。

⑤ A 学生時代はどんな学生時代でしたか。

　 B 学生時代は一日も休まなかったし、部活も頑張ったし、それに真面目だったと思います。

⑥ A その店はどんな店ですか。

　 B この店はとても高いし、客も少ないし、それにサービスも悪いと思います。

16 早く仲直りをした方がいいですよ。

練習しましょう

1

① スーツを着ている
　 面接がある

② お酒が飲めない

③ 今日は約束がある

④ 駐車禁止な

⑤ 聞いた

⑥ 休みな
　 ハングルの日な

2

❶ A パソコンが壊れたんですが、どうしたらいい
ですか。

B 修理に出したらいいと思いますよ。

❷ A 友達が結婚するんですが、何をあげたらいい
ですか。

B ペアの物をあげたらいいと思いますよ。

❸ A JLPT試験を受けたいんですが、どうやって申
し込んだらいいですか。

B インターネットで申し込んだらいいと思いま
すよ。

❹ A おいしい韓国料理が食べたいんですが、どこ
に行ったらいいですか。

B 全州に行ったらいいと思いますよ。

3

❶ A お腹が痛いんです。

B ⓐ これからはよく噛んで食べるようにしてく
ださい。

ⓑ これからは食べすぎないようにしてくださ
い。

❷ A 風邪を引いてしまったんです。

B ⓐ これからはよく寝るようにしてください。

ⓑ これからは冷たいものを食べないように
してください。

❸ A 最近5キロ太ってしまったんです。

B ⓐ これからは運動するようにしてください。

ⓑ これからはカロリーが高い食べ物を食べ
ないようにしてください。

❹ A お金がないんです。

B ⓐ これからは貯金するようにしてください。

ⓑ これからは無駄遣いしないようにしてくだ
さい。

❺ A 明日大事な会議があるんです。

B ⓐ 資料の準備をしっかりするようにしてくだ
さい。

ⓑ 遅刻しないようにしてください。

❻ A 海外旅行に行くんです。

B ⓐ 荷物を確認するようにしてください。

ⓑ パスポートをなくさないようにしてくださ
い。

4

❶ 大変な
上司に相談し

❷ なくしてしまった
早く探し

❸ 怒っている
早くあやまっ

❹ 上手にならない
単語をたくさん覚えて、日本語でたくさん話して
み

❺ 結婚したい
誰かに紹介してもらっ

❻ 大学の試験な
試験の前に深呼吸をし

❼ 困っている
管理人の人に話して注意をしてもらっ

17 鬼のお面を準備しておきました。

練習しましょう

1

① 消して
  消して
  かけましょう
② 止めた
③ 決める
④ 入って
⑤ 並べて
  出した
⑥ 割れにくい
⑦ 起きない
  始める

2

① A 部屋が汚れていますね。
  B そうですね。掃除をしなかったかもしれませんね。
② A ドアが開いていますね。
  B そうですね。誰かが開けたかもしれませんね。
③ A 部屋の電気が消えていますね。
  B そうですね。誰かが消したかもしれませんね。
④ A 店に人が並んでいますね。
  B そうですね。この店の料理はおいしいかもしれませんね。
⑤ A 時計が壊れていますね。
  B そうですね。誰かが壊したかもしれませんね。
⑥ A お金が落ちていますね。
  B そうですね。誰かが落としたかもしれませんね。
⑦ A コップが割れていますね。
  B そうですね。誰かが割ったかもしれませんね。
⑧ A 店が変わっていますね。
  B そうですね。人気がなかったかもしれませんね。

3

① 寒いから、窓が閉めてあります。
② 今から授業がありますから、電気がつけてあります。
③ 今日は友達が来ていますから、家の前に車が止めてあります。
④ 探しやすいように、本が並べてあります。
⑤ この部屋は使いませんから、電気が消してあります。
⑥ 借りたお金を返そうと思って、お金が出してあります。
⑦ 送るために、本が箱に入れてあります。
⑧ 食べやすいですから、クッキーが割ってあります。

4

① もうすぐ食事の時間なので料理を作っておきました。
② よく知らないのでこの場所について調べておきました。
③ お客さんが来るので今日掃除をしておきました。
④ 子供たちと早く仲良くなりたいので名前を覚えておきました。

⑤ 先生がいないので机の上に置いておきました。

⑥ 今日大事な試験があるので早く寝ておきました。

5

❶ A もう会議の時間を決めておきましたか。

　 B それがまだなんです。

　 A じゃあ、17時までに決めておいてください。それから、もう会議の資料をコピーしておきましたか。

　 B はい、しておきました。

❷ A もうお客様に電話をかけておきましたか。

　 B はい、かけておきました。

　 A それから、もう部長のサインをもらっておきましたか。

　 B それがまだなんです。

　 A じゃあ、今日までにもらっておいてください。

❸ A もうイスを並べておきましたか。

　 B それがまだなんです。

　 A じゃあ、すぐ並べておいてください。それから、テーブルの上に飲み物を置いておきましたか。

　 B それもまだなんです。

　 A じゃあ、午後4時までに置いておいてください。

❹ A もう取引先へのお土産を買っておきましたか。

　 B それがまだなんです。

　 A じゃあ、今月までに買っておいてください。それから、もう新幹線の時間を変えておきましたか。

　 B はい、変えておきました。

フリートーキング

Aの部屋はカーテンが閉まっていますが、Bの部屋はカーテンが開いています。

Aの部屋は服がかかっていますが、Bの部屋は服がかかっていません。

Aの部屋はテレビが消えていますが、Bの部屋はテレビがついています。

Aの部屋は本が並んでいますが、Bの部屋は本がありません。

Aの部屋はいろいろなものが落ちていますが、Bの部屋はいろいろなものが落ちていません。

Aの部屋は絵が飾ってありますが、Bの部屋はカレンダーが飾ってあります。

18 お呼びいたしますので、少々お待ちください。

練習しましょう

1

❶ 社長が昼食を召し上がります。

❷ 部長が資料をご覧になります。

❸ 取引先の方が韓国にいらっしゃいます。

❹ 先生が教室にいらっしゃいます。

❺ 私は釜山から参りました。

❻ 私はホームページを拝見しました。

❼ 先生が私に本をくださいました。

❽ 私は社長室に伺います。

❾ 私はご意見を伺います。

2

❶ お持ちします／お持ちいたします

❷ お送りします／お送りいたします

❸ お貸しします／お貸しいたします

❹ ご連絡します／ご連絡いたします

❺ ご案内します／ご案内いたします

3

❶ お戻りになります

❷ お飲みになります

❸ お吸いになります

❹ お取りになります

❺ お泊まりになりました

4

❶ お選びください

❷ お座りください

❸ お書きください

❹ お気をつけください

❺ ご注文ください

❻ ご確認ください

5

❶ お持ちです

❷ お探しです

❸ お書きです

❹ お疲れです

❺ お呼びです

6

❶ お吸いになります

　 お吸いになれません

　 お吸いになる

　 ご利用ください

❷ お聞きになりました

　 ご参加になります

　 お伝えください

Memo